BERLITZ®

KOPENHAGEN

Herausgeber: Redaktion des Berlitz Verlags

Copyright © 1990, 1979 Berlitz Verlag AG,
Avenue d'Ouchy 61, 1000 Lausanne 6, Schweiz.

Alle Rechte vorbehalten, insbesondere das Recht der Vervielfältigung und Verbreitung sowie der Übersetzung. Ohne schriftliche Genehmigung des Verlags ist es nicht gestattet, den Inhalt dieses Werkes oder Teile daraus auf elektronischem oder mechanischem Wege (Fotokopie, Mikrofilm, Ton- und Bildaufzeichnung, Speicherung auf Datenträger oder ein anderes Verfahren) zu reproduzieren, zu vervielfältigen oder zu verbreiten.

Berlitz ist ein beim U.S. Patent Office und in anderen Ländern eingetragenes Warenzeichen – Marca Registrada.

Printed in Switzerland by Weber S.A., Bienne.

7. Auflage
Ausgabe 1991/1992

Aktualisiert oder überarbeitet 1990,
1988, 1986, 1983, 1981

Wichtiges auf einen Blick

- Einen ersten Eindruck von der Stadt und ihren Bewohnern erhalten Sie in den Kapiteln Kopenhagen und die Dänen, Seite 6, und Geschichtlicher Überblick, Seite 13.
- Die Sehenswürdigkeiten werden auf den Seiten 23–65 besprochen. Vorschläge für Ausflüge finden Sie auf den Seiten 65–79.
  Was Sie unserer Meinung nach unbedingt sehen sollten, ist am Rande mit dem Berlitz-Symbol gekennzeichnet.
- Tips für den Einkauf, für Entspannung und Sport stehen auf den Seiten 79–93, Hinweise auf Tafelfreuden auf den Seiten 94–101.
- Nützliche Informationen und Hinweise für die Reise finden Sie ab Seite 102.
- Und möchten Sie ganz schnell eine Einzelheit wissen, schlagen Sie im Register auf den Seiten 126–128 nach.

Alle Informationen in diesem Reiseführer sind sorgfältig recherchiert und überprüft worden, erfolgen aber ohne Gewähr. Der Verlag kann für Tatsachen, Preise, Anschriften und allgemeine Angaben, die fast ständig von Änderungen betroffen sind, keine Verantwortung übernehmen. Berlitz Reiseführer werden regelmäßig auf den neuesten Stand gebracht, und die Redaktion ist für Berichtigungen, Hinweise und Ergänzungen dankbar.

Text: Vernon Leonard
Deutsche Fassung: Karin Goedecke
Fotos: Erling Mandelmann. Folgende Fotos wurden uns freundlicherweise vom Dänischen Fremdenverkehrsrat zur Verfügung gestellt: Umschlagseite, S. 53 P. Hauerbach; S. 27, 35 J. Schytte; S. 41, 42 D. Betz; S. 57 P. Eider; S. 83 M.L. Brimberg.
Gestaltung: Doris Haldemann
Wir danken Margit Storm und dem Dänischen Fremdenverkehrsrat sowie dem Verkehrsbüro der Stadt Kopenhagen für ihre Hilfe bei der Vorbereitung dieses Reiseführers.
Kartografie: Falk-Verlag, Hamburg, in Zusammenarbeit mit Cartographia, Budapest.

Inhalt

Kopenhagen und die Dänen		6
Geschichtlicher Überblick		13
Sehenswürdigkeiten		
	Rådhuspladsen	23
	Altstadt und Strøget	31
	Kongens Nytorv und Hafen	39
	Universitätsviertel und Parks	48
	Christianshavn	51
	Außerhalb der Stadt	55
	Museen	58
Ausflüge	Freilichtmuseum Sorgenfri und Lyngby-See	65
	Nord-Seeland und seine Schlösser	69
	Roskilde	75
	Malmö und Lund	79
Was unternehmen wir heute?		
	Einkaufsbummel	79
	Entspannung	84
	Sport	90
Tafelfreuden		94
Berlitz-Info	Reiseweg und Reisezeit	102
	Mit soviel müssen Sie rechnen	104
	Praktische Hinweise von A bis Z	105
Register		126

Karten und Pläne

	Kopenhagen	24
	Ausflüge	66

Umschlagbild: Nyhavn

Kopenhagen und die Dänen

Kopenhagen ist nicht nur schön, es ist auch *hyggelig*. Sagen Sie dies den Bewohnern der Stadt, sie hören es gern. *Hyggelig* – ziemlich schwer auszusprechen – bedeutet so viel wie anheimelnd, gemütlich und trifft genau die Mentalität der Dänen: Sie wollen nicht immer die besten und größten – Dänemark ist ja auch nur ein kleines Land –, sondern aufgeschlossene Gastgeber sein, bei denen man sich wohlfühlt. Sie haben gern gute Freunde um sich und freuen sich, mit ihnen in einer behaglich eingerichteten Wohnung an einem schön gedeckten Tisch nach Herzenslust zu essen und zu trinken.

Wenn aber die Dänen so häuslich sind, was tut sich dann draußen auf der Straße? Keine Sorge, wenn sie einmal ausgehen, dann gründlich. Es gibt eine Unzahl von Bars und Restaurants, Kneipen und Lokalen, vom eleganten Nachtklub bis zum billigen Sexschuppen, von »hochgesto-

Gespannt verfolgen Blondschöpfe ihre Helden auf der Freilichtbühne.

chen« bis ... nun eben *hyggelig*.

Und wo sind die streitbaren Wikinger von einst geblieben? Die heutigen Dänen sind ein bißchen molliger um die Taille als ihre Vorfahren, die in kleinen Booten kühn übers Meer segelten. Sie sind Opfer ihrer guten Küche und ihres feurigen Aquavits geworden und erfreuen sich der Segnungen eines Staates, dessen Sozialleistungen sie so mancher Sorge entheben.

Gut essen und trinken scheint eine nationale Leidenschaft zu sein. Ein Blick in die Schaufenster mit den verführerischen belegten Broten *(smørrebrød)* und den leckeren Backwaren *(wienerbrød)*, auf die raffinierten Salate, die Käsesorten und frischen Fischgerichte genügt, um den für die schlanke Linie so gefährlichen Gaumenkitzel zu wecken.

Um ihn – wenigstens für einige Zeit – zu vertreiben, hilft ein Einkaufsbummel. Dänemarks Porzellan, Zinn- und Silberwaren zählen zu den schönsten auf dem Weltmarkt, und die berühmte Kunst dänischer Designer, Form und Funktion ästhetisch zu vereinen, gibt den meisten Dingen, vom Spielzeug bis zum Haushaltgerät, einen unverwechselbaren Stil.

Phantasie und Farbenfreude finden ihren Ausdruck auch überall sonst in Kopenhagen. Die Briefträger tragen leuchtend rote Jacken und haben gelbe Fahrräder; die Kaminkehrer benutzen ihre malerischen schwarzen Zylinder nicht selten zum Verstauen ihres mittäglichen *smørrebrøds*,

und an vielen Bussen flattern Fähnchen in den Landesfarben Rot und Weiß.

Für Nordeuropäer sind die Dänen impulsiv und offen – erstaunliche Menschen in einem erstaunlichen Land, das aus nicht weniger als 406 Inseln besteht, von denen 97 bewohnt sind. Nur die Halbinsel Jütland

Bei der Wachablösung wird der Schloßplatz der Amalienborg lebendig.

LIDT LANGSOMT
1 Kop Formiddagskaffe
Kr. 3,95
UDSAL
UDSAL
LIDT LANGSOM

ist mit dem europäischen Festland verbunden und hat trotz ihrer vergleichsweise großen Ausdehnung nicht die höchste Einwohnerzahl. Mit einer Gesamtbevölkerung von rund 5 Millionen auf 43 069 km² ist Dänemark das dichtest besiedelte Land Skandinaviens.

In Dänemark gibt es keine Berge (die höchste Erhebung, Yding Skovhøj, ist nur 173 m hoch), denn Gletscher aus drei Eiszeiten haben das Land glattgeschliffen und nur flache Hügel zurückgelassen. Wiesen und Kornfelder ziehen sich längs der Straßen hin, und weißverputzte Kirchen aus dem Mittelalter erheben ihre Türme über die Dächer der schmucken Häuser, die alle wie frisch angemalte Musterhöfe aussehen.

Fast ein Drittel aller Bewohner Dänemarks lebt in der Regierungshauptstadt Kopenhagen, dem politischen und wirtschaftlichen Zentrum des Landes, in dem auch die Königin residiert. Das dänische Königshaus, heute von Margrethe II. repräsentiert, ist übrigens die älteste Dynastie Europas.

Obwohl Kopenhagen von breiten Schnellstraßen durchschnitten wird, besitzt es noch guterhaltene historische Viertel mit krummen, holprigen Gassen, stuckverzierten Häusern und kuriosen alten Läden. Bis heute hat diese Stadt, in der Toleranz und Humor seit je zu Hause waren, eine liebenswerte Patina bewahrt. Nicht nur jene grüne der Kupferdächer und -kuppeln aus dem 17. Jh. – ein Erbe ihres königlichen Bauherrn Christian IV. –, sondern den Hauch einer Märchen- und Zauberwelt. Das Tivoli im Herzen der City, kein Vergnügungspark wie alle anderen, sondern eine geliebte Institution für alle Kopenhagener, ist ein Teil davon.

Noch immer sind die kultivierte Heiterkeit und der romantische Charme, die Hans Christian Andersens Märchen unsterblich gemacht haben, zu spüren. Wenn der Dichter heute in seine Stadt zurückkehrte, wer weiß, ob sie ihm in ihrem Wesen sehr verändert vorkäme? Stoff für Märchen würde er ganz sicher auch jetzt noch hier finden.

Wikinger von heute – weniger Abenteuer, dafür mehr Vergnügen. Vorhergehende Doppelseite: Streiflichter einer liebenswürdigen Stadt.

Geschichtlicher Überblick

Noch bevor die Wikinger ihr legendäres Reich gründeten, war Dänemark von einem indogermanischen Jägervolk bewohnt. Prähistorische Funde wie Pfeilspitzen und kunstvoll gearbeitete Messer aus Feuerstein sind in den Museen Kopenhagens und seiner Umgebung in großer Zahl zu besichtigen. Blusen und geknüpfte Röcke aus der Bronzezeit gehören zu den ältesten Kleidungsstücken, die in Europa überhaupt gefunden wurden. Auch Musikinstrumente sind erhalten, so über 30 der berühmten dänischen *Luren*, deren schlanke, elegante Form in seltsamem Kontrast zu ihrem dunklen und rauhen Klang steht.

Die Wikinger

Die Wikinger erscheinen in Skandinavien am Ende der Ei-

senzeit, also etwa 800 bis 1100 n.Chr. Aus jener Epoche datieren auch die ersten schriftlichen Zeugnisse zur dänischen Geschichte. In der Blütezeit ihres Reichs segelten sie kühn und unerschrocken bis Neufundland, umrundeten das Nordkap und dehnten ihre Eroberungszüge bis nach England, Holland, Frankreich, Spanien und in den Mittelmeerraum aus, ja sie wagten sich bis zum Kaspischen Meer. Einige ihrer herrlich gearbeiteten Schiffe sind im Wikingerschiffmuseum in Roskilde zu sehen (siehe S. 78), und in Trælleborg in West-Seeland wurde eine Festungsanlage ausgegraben, die 1300 Wikingern Platz bot.

Anfang des 11. Jh. eroberten die Wikinger England, und Knut der Große wurde 1016 Herrscher über Dänemark, England und Norwegen, bis mit seinem Tod 1042 das christlich-germanische Großreich zerfiel.

Das Christentum war schon 826 nach Dänemark gebracht und 961 zur Staatsreligion erklärt worden. In jenem Jahr hatte der Mönch Poppo König Harald Blauzahn (Blaatand) bekehrt, indem er glühendes Eisen in die bloße Hand nahm. Der berühmte Runenstein von Jelling in Ost-Jütland, den Harald Blauzahn aufstellen ließ, berichtet, daß der König »ganz Dänemark und Norwegen für sich gewann und die Dänen zu Christen machte«.

Das Mittelalter
1157 besteigt Waldemar I., genannt der Große, den dänischen Thron. Er macht seinem Jugendfreund, dem Erzbischof Absalon von Roskilde, das Fischerdorf namens Havn auf der kleinen Insel Slotsholm zum Geschenk. Durch dessen Lage am Øresund, dem Hauptzugang zur Ostsee, wird der Hafen zu einem wichtigen Stützpunkt auf einem der bedeutendsten Handelswege des mittelalterlichen Europa.

Bischof Absalon, zugleich auch Staatsmann und Heerführer, baut 1167 eine Festung zum Schutz des Hafens, und dieses Datum gilt heute als das Stadtgründungsjahr von Kopenhagen. 1170 wird der Ort in Køpmannaehafn (»Kaufmannshafen«) und später in København umbenannt. Slotsholm bildet noch heute den Mittelpunkt der Stadt, es ist die Stelle, an der Schloß Christiansborg steht. In seinen Kellern sind noch Überreste der alten Burg Absalons zu sehen.

Im Lauf des 12. Jh. gelingt es den dänischen Königen, ihr

Reich nach allen Richtungen hin auszudehnen. Doch dann gerät Dänemark mit Schleswig-Holstein in Konflikt (die Grenzstreitigkeiten zwischen den beiden Ländern wurden erst im 20. Jh. beigelegt) und stört den blühenden Handel der norddeutschen Hansestädte. Die Deutschen besetzen daraufhin Jütland, und der dänische Adel ergreift die Gelegenheit, die Macht der Krone zu schwächen. 1282 muß Erik V. einen Vertrag unterzeichnen, der ihn verpflichtet, die Regierungsgewalt mit den Adligen im Reichsrat *(Danmarks Riges Råd)* zu teilen.

Auch unter Waldemar IV. Atterdag, dem wohl bedeutendsten dänischen König des Mittelalters, der von 1340 bis 1375 regiert, gibt es abwechselnd Eroberungen und Grenzstreitigkeiten mit den nordischen Nachbarländern, und dabei wird es für Jahrhunderte bleiben.

Dänemarks Gebiet gewaltig erweiternd, vermählt sich seine Tochter Margrete mit Håkon VI., dem König von Norwegen und Schweden. Nach dessen Tod schließt sie die drei skandinavischen Mächte 1397 durch den Kalmarschen Unionsvertrag zusammen, gewinnt durch Erbschaft Schleswig-Holstein und setzt ihren Großneffen, Erik VII. von Pommern, zum Herrscher ein. Faktisch jedoch führt sie die Regierung weiter – bis sie 1412, auf der Höhe ihrer Macht, an der Pest stirbt.

Ihr Nachfolger, der nun tatsächlich regierende Erik VII., verleiht Kopenhagens Kaufleuten große Privilegien. Sein Neffe, Christoffer III. von Bayern, ernennt es 1443 zur offiziellen Hauptstadt, und als Christian I. 1479 die Universität gründet, wird die Stadt auch zum kulturellen Zentrum. Zu dieser Zeit war die Bevölkerung auf 10 000 Einwohner angewachsen, Schleswig-Holstein gehörte einmal mehr zu Dänemark, und der Bau der Festung von Helsingør hatte begonnen. Die Dänen ließen sich ihre strategisch günstige Lage zwischen Nord- und Ostsee teuer bezahlen und verlangten hohe Zölle von allen Schiffen, die den Øresund passierten.

Dänemark war stark. Ordnung herrschte im Land, und neue Städte und Dörfer wuchsen aus dem Boden. Doch der Friede war nicht von Dauer. Es folgten neue Kämpfe und Unruhen: Abfall Schwedens, Konflikte mit dem Adel, Bauernaufstände, Beginn der Reformation und weitere Kriege mit Schweden – eine Epoche, die 200 Jahre dauern sollte.

Die Reformation

Der schwelende, tiefwurzelnde Groll über den Machtmißbrauch der katholischen Kirche kommt durch das Erwachen neuer Ideen im 16. Jh. offen zum Ausbruch. In Dänemark selbst hatten die Bischöfe schon seit langem ihren Reichtum politischen und militärischen Zwecken nutzbar gemacht, doch erst Christian III., der 1534 bis 1559 regiert, gelingt es, ihre Macht zu brechen. Gestützt auf die Lehre Luthers, die von Deutschland aus in Dänemark Eingang gefunden hat, erklärt er sich zum Oberhaupt der dänischen Staatskirche und festigt dadurch seine Macht.

Jahrzehntelang toben vergebliche Kriege gegen Schweden, und das Glück neigt sich auf die Seite der Gegner. 1658 verliert Dänemark sämtliche ihm noch verbliebenen schwedischen Besitzungen und damit auch das Ostufer des Øresund an Schweden, der seither die Grenze zwischen den beiden Staaten bildet.

Während sich Dänemark von den Schrecken des Krieges erholt, fällt Kopenhagen für die ausgestandene Not eine Entschädigung zu. 1660 wird es für seine Tapferkeit im Lauf einer zweijährigen schwedischen Blockade zur freien Stadt erklärt, was bedeutet, daß seine Bürger die gleichen Vorrechte erhalten wie der Adel. Eine kulturelle Blüte hat schon in der ersten Jahrhunderthälfte begonnen, als Christian IV. sich trotz der zahlreichen Niederlagen gegen die Schweden als »königlicher Bauherr« der Stadt annimmt. Er läßt Kopenhagen auf die doppelte Größe anwachsen, indem er zunächst einen ganz neuen Stadtteil schafft: Christianshavn auf der Insel Amager gegenüber der Altstadt. Nach dem Vorbild von Amsterdam entsteht dort ein ausgedehnter Komplex enger Kanäle, Wohnhäuser und Speicher. Danach läßt er nordwestlich von Kongens Nytorv ein neues Wohnviertel (Nyboder) für Seeleute errichten; und schließlich sind diesem König auch die herrlichen Gebäude mit den Kupferdächern zu verdanken – darunter die Börse, der Runde Turm und Schloß Rosenborg –, deren grüne Patina heute aus dem Erscheinungsbild Kopenhagens nicht mehr wegzudenken ist.

Nyboder: Die putzigen Reihenhäuschen von 1640 sind noch heute von Seeleuten bewohnt.

Der Absolutismus

Die Schwedenkriege hinterlassen ein verarmtes, verwüstetes Land, das politischen und sozialen Umwälzungen wehrlos ausgeliefert ist. Frederik III. nutzt 1660 denn auch die Gelegenheit, die absolute und erbliche Monarchie einzuführen und dem adeligen Reichsrat seine parlamentarischen Mitbestimmungsrechte zu entziehen, die dieser seit 1282 innegehabt hatte. Das absolute Regime Frederiks erweist sich als eine Periode nationaler Einigkeit, die allerdings nur durch strenge Kontrollen erhalten wird. Zum weiteren Ausbau Kopenhagens geben die Kö-

Im Runden Turm ist's fast wie auf der Achterbahn. Unten: Juwelen, die im Keller glitzern (Rosenborg).

nige Boden zur Überbauung frei, und Kongens Nytorv wird nach französischem Vorbild umgestaltet.

Kopenhagen wird 1711/12 von der Pest heimgesucht, die 22 000 Menschen, fast ein Drittel der gesamten Einwohnerschaft, dahinrafft, und 1728 und 1795 wüten zwei Feuersbrünste so verheerend, daß große Teile der Stadt wieder aufgebaut werden müssen.

Trotz dieser Katastrophen bringt das 18. Jh. soziale Fortschritte. 1788 wird die Leibeigenschaft aufgehoben, und die Bauern können das Joch mittelalterlichen Frondienstes abwerfen, um auf eigenem Grund und Boden zu arbeiten. Sie verlassen die Landgüter und bauen eigene Wohnstätten in den umliegenden Feldern. So erhält die mit vielen einzelnen Bauernhöfen getüpfelte Landschaft Dänemarks ihr heutiges Gesicht.

Napoleon
und das 19. Jahrhundert

In die Kriege, die Europa Ende des 18. Jh. erschüttern, wird Dänemark gegen seinen Willen hineingezogen. Die Zugehörigkeit zur Koalition mit Rußland, Schweden und Preußen, die sich gegen die englische Vormachtstellung zur See richtete, wird ihm zum Verhängnis. England rächt sich 1801 durch einen Flottenüberfall.

Nur fünf Jahre später zwingt Napoleon Dänemark, die Kontinentalsperre gegen England ebenfalls einzuhalten, das nun die sofortige Auslieferung der dänisch-norwegischen Flotte verlangt. Kopenhagen wird belagert und erliegt 1807 der dreitägigen Bombardierung durch die britische Flotte. Es muß den Rest seiner Seestreitkräfte ausliefern – und bald darauf ein Bündnis mit Napoleon unterzeichnen, der in Jütland einmarschiert.

Nach Napoleons Sturz ist Dänemark so isoliert, wie jemand, der sich zwischen zwei Stühle gesetzt hat. Es ist gezwungen, Norwegen 1814 als Kriegsschuld an Schweden abzutreten, und es verliert seine Besitzungen in Übersee mit Ausnahme von Grönland, Island, den Färöer-Inseln und den Jungferninseln in der Karibik. Der Staatsbankrott wird erklärt.

1864 muß es auch Schleswig-Holstein und damit ein Drittel seines Heimatbodens und zwei Fünftel seiner Bevölkerung an Preußen unter Bismarck abgeben.

Als Folge der Revolution von 1848 sieht sich Frederik VII. genötigt, auf die absolutistische Herrschaft zu verzichten und die Regierungsmacht der Liberalen Partei zu übergeben. Die Liberale Verfassung wird mit großer Mehrheit angenommen, und mit ihr erreicht das goldene Zeitalter Dänemarks seinen Höhepunkt. Das zerstörte und vom Krieg geschwächte Land bringt eine Reihe von Künstlern und Gelehrten von internationaler Bedeutung hervor: Søren Kierkegaard zwingt die zeitgenössische Philosophie und das Christentum durch seine zukunftweisende Theorie des Existentialismus zur Überprüfung ihrer bisherigen Grundsätze. Bertel Thorvaldsen, Dänemarks größter Bildhauer, ist aus Italien zurückgekehrt und hat Kopenhagen seine monumentalen Bildwerke vermacht. Hans Christian Andersen schlendert durch die Straßen der Stadt und liest seine Märchen, die ihm bald Weltruhm einbringen, im Kreis seiner Bewunderer vor.

In der Innenstadt werden die alten Festungswälle abgerissen, Bahnhöfe, Fabriken und Arbeitersiedlungen wachsen aus dem Boden und machen Kopenhagen zu einem bedeutenden Industriezentrum. Im letzten Viertel des 19 Jh. nehmen die ersten Sozialversicherungen Gesalt an – eine Pioniertat ersten Ranges.

Auch auf dem Land ändert sich vieles. N.F.S. Grundtvig, einer der führenden Pädagogen Europas, schafft schon 1844 ein Schulsystem für Erwachsene, um den Bildungsstand der Landbevölkerung zu verbessern. Die ersten Genossenschaften werden ins Leben gerufen.

Das 20. Jahrhundert
Das Jahr 1901 stellt einen Wendepunkt in der Geschichte der dänischen Verfassung dar; zum ersten Mal wurde eine Regierung lediglich aufgrund der Mehrheitsverhältnisse im Unterhaus *(Folketing)* ernannt. 1915 erzwangen die Liberaldemokraten, die Radikalen Demokraten und die Sozialdemokraten gemeinsam die Abschaffung der Wahlprivilegien im Oberhaus *(Landsting)* und führten das System der anteil-

Seine Märchen leben nicht nur in Kinderträumen weiter: Hans Christian Andersen.

mäßigen Vertretung für beide Kammern ein. »Frauen und Dienstboten« erhielten endlich das Wahlrecht!

Die neue dänische Politik bestand ihre Feuerprobe, als es im Ersten Weltkrieg darum ging, mit Kompromissen die Neutralität zu wahren. Nach dem Krieg kam Nordschleswig aufgrund einer Volksabstimmung zu Dänemark; die heutige Staatsgrenze zu Deutschland war damit festgelegt.

Die industriellen Umwälzungen und die wirtschaftliche Depression zwischen den beiden Kriegen konnten Dänemarks Fortschritt nicht hemmen. Auf wissenschaftlichem Gebiet leistete Nils Bohr an der Kopenhagener Universität grundlegende Beiträge zur Atomforschung. In der Musik setzte Carl Nielsen mit seinen Kompositionen neue Akzente im europäischen Musikschaffen der zwanziger Jahre. Auf dem Gebiet der Architektur zeichnete sich Arne Jacobsen aus.

Vor allem im Industriedesign – Möbel, Eßbestecke, Verarbeitung von Glas, Zinn, Silber und Textilien – begann Dänemark den Weg zu weisen. »Dänisches Design« wurde zum Qualitätssiegel und steht auch heute noch für Artikel, die Schönheit und Zweckmäßigkeit harmonisch miteinander verbinden.

Bei Ausbruch des Zweiten Weltkriegs erklärt Dänemark zusammen mit den beiden anderen skandinavischen Staaten seine Neutralität, wird jedoch 1940 von der deutschen Wehrmacht besetzt. Die dänische Wirtschaft, nun völlig von der Außenwelt abgeschnitten, muß für den deutschen Markt produzieren und wohl oder übel Konzessionen machen. Aber die Mehrheit des dänischen Volkes zeigt den Deutschen die kalte Schulter; es bildet sich eine Widerstandsbewegung, der es gelingt, 7000 der 7500 im Lande lebenden Juden nach Schweden zu schmuggeln.

Christian X. bleibt in Kopenhagen und gewinnt die Herzen der Dänen dadurch, daß er täglich ausreitet und sich unter ihnen sehen läßt. 1943 tritt die Regierung zurück, da sie nicht länger unter der Besatzungsmacht amtieren kann, ohne das Vertrauen des Volkes zu verlieren. Der Widerstandsbewegung ist es zu verdanken, daß Dänemark 1945 nach Friedensschluß als gleichberechtigter Partner der Alliierten anerkannt wird.

Dänemark beginnt mit allen Kräften den Wiederaufbau und erreicht, was in der Welt einmalig dasteht: den umfassendsten und erfolgreichsten »Wohlfahrtsstaat« aufzubauen, der dennoch seine menschlichen Dimensionen bewahrt hat. Lebensstandard und Lebensqualität in Dänemark zählen zu den höchsten der westlichen Welt.

Politisch gesehen gibt das Land seine Neutralität auf, als es sich 1949 für die NATO entscheidet. Wirtschaftlich gehört es zu den Gründungsmitgliedern der EFTA, schließt sich jedoch 1973 zusammen mit Großbritannien der EG an. Die Mitgliedschaft beim Nordischen Rat und beim Ständigen Nordischen Ministerausschuß unterstreicht Dänemarks Willen für ein politisches und wirtschaftliches Zusammengehen aller nordischen Staaten.

Die Dänen von heute sehen ihre internationale Rolle darin, im Rahmen der Vereinten Nationen und anderer Organisationen zur Entspannung zwischen den Völkern beizutragen. Das kleine Land steuert mit beispielhaftem Geschick durch das Auf und Ab der Weltwirtschaft und hält unbeirrt an seinem Ziel fest, für Humanität und Gerechtigkeit zu arbeiten. Seine Erfolge weit über die Landesgrenzen hinaus bestätigen, daß Dänemark auf dem richtigen Weg ist.

Sehenswürdigkeiten

Rådhuspladsen

Kopenhagens Herz ist der **Rådhuspladsen** (Rathausplatz), von dem 90 Prozent aller Sehenswürdigkeiten, die in diesem Buch beschrieben werden, nicht weiter als 1,5 km entfernt liegen. Die meisten Stadtführungen beginnen hier, ebenso die Ausflüge zu den Schlössern oder Badestränden in der Umgebung.

Mit dem Rücken zur roten Backsteinmauer des Rathauses schauen Sie über den weiten, gepflasterten Platz und können in aller Ruhe das dänische Alltagsleben an sich vorüberziehen lassen. Hier befindet sich auch der erste von vielen Würstchenständen *(pølsevogn)*, an dem Sie die pikanten dänischen Würstchen in allen möglichen, preiswerten Variationen bekommen. Nach links erstreckt sich der berühmte, einzigartige Vergnügungspark Tivoli, direkt jenseits des sechsspurigen H.-C.-Andersens-Boulevards, auf dem Ihnen sogleich eine typisch dänische Erscheinung auffallen wird – die Radfahrer. Zu den Hauptverkehrszeiten scheint es Millionen von ihnen zu geben.

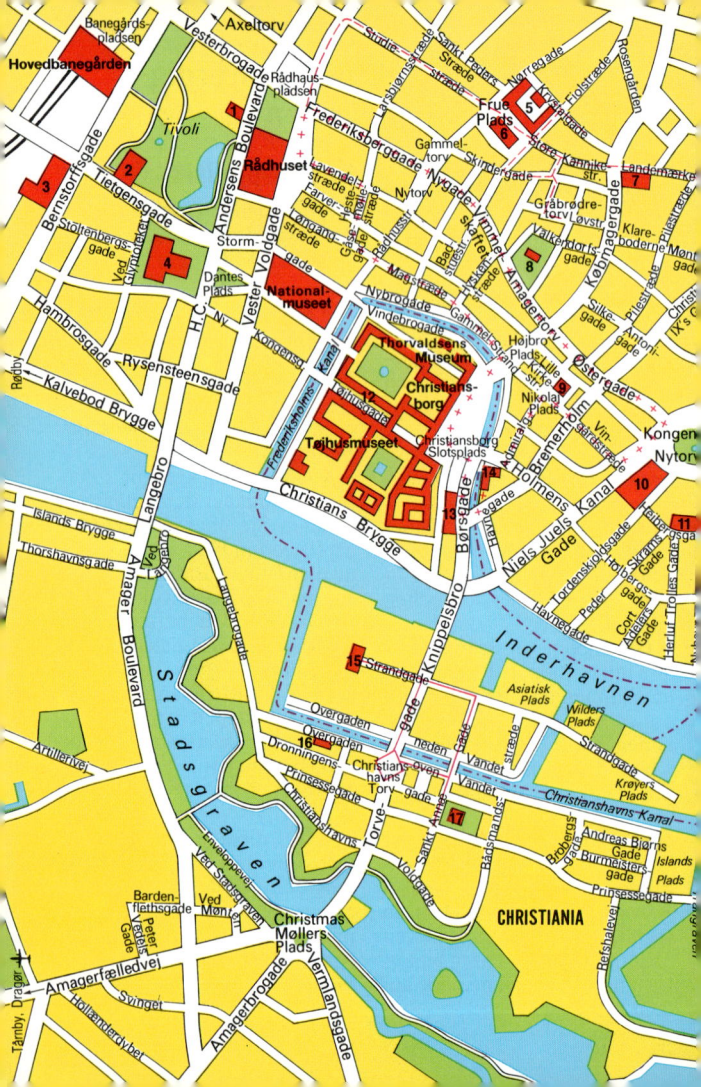

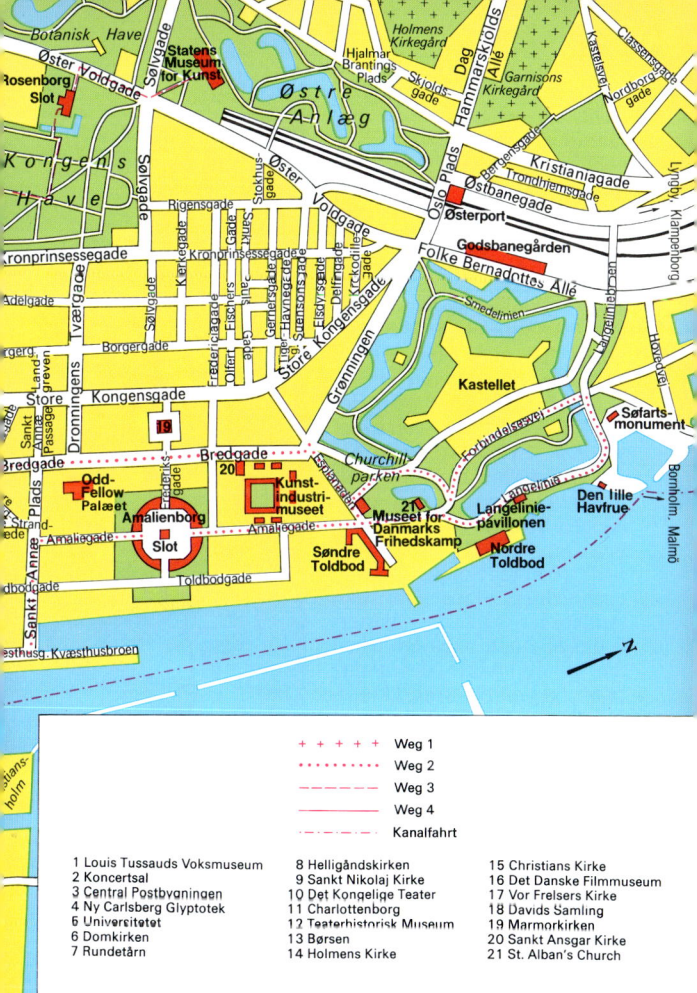

Vom Rathaus brauchen Sie nur ein paar Schritte nach rechts zu gehen, um die berühmte Fußgängerzone Kopenhagens, Strøget (sprich: *Ströjet*), zu erreichen. Bevor Sie jedoch die Ruhe hier zum Einkaufen nutzen, sollten Sie einen Blick auf den Rådhuspladsen werfen.

Die Denkmäler auf dem Platz könnte man als Vorboten der vielen Hundert bezeichnen, die in Kopenhagen meist von der Stadt oder der Carlsberg-Stiftung errichtet wurden. Zuerst kommen Sie am malerischen **Drachenbrunnen** (1923) vorbei und nach einigen Schritten zum bronzenen Denkmal für Dänemarks meistgeliebten Sohn, den Märchendichter Hans Christian Andersen. Auf der Vesterbrogade zur Linken erblicken Sie in der Mitte der Fahrbahn, gegenüber vom Hauptbahnhof, die Freiheitssäule, die an die Aufhebung der Leibeigenschaft (1788) erinnert. Und rechter Hand, in der Vester Voldgade, kommt die hohe Steinsäule mit den **Lurenbläsern** in Sicht.

Sehen Sie sich nun das **Rathaus** *(Rådhuset)* an, das von 1892 bis 1905 erbaut wurde. Das Hauptportal wird von einem Standbild des Stadtgründers Bischof Absalon ge-

krönt; es ist aus Kupfer getrieben und mit 22karätigem Gold überzogen. Auf dem Dach stehen sechs Bronzefiguren, die Nachtwächter aus den verschiedenen Epochen der Stadtgeschichte darstellen.

Wenn Sie das Rathaus betreten, sehen Sie rechts hinter dem Eingang die **Weltuhr** von

Jens Olsen, ein Wunderwerk, an dem der Kopenhagener Uhrmacher 11 Jahre lang gearbeitet hat. Der komplizierte Mechanismus ist durch ein Glasgehäuse geschützt; er zeigt nicht nur die Uhrzeit aller Weltstädte an, sondern auch, von Sekunde zu Sekunde, die sich verschiebenden Sternkonstellationen, den Julianischen sowie den Gregorianischen Kalender und alle Mond- und Sonnenfinsternisse.

Jeder Teil des Rathauses zeigt andere Stilelemente, doch

Der Rådhuspladsen – das unbestrittene Herz der City.

Tivoli

Tivoli ist ein Märchen, und Märchen lassen sich nicht durch Statistiken erklären. Tivoli ist jene Zauberwelt, in der sich Dänen und Ausländer in angenehmer Umgebung vergnügen, gleichzeitig auch die Kinder ihren Spaß haben, wo man mit der ganzen Bürobelegschaft hingeht und auch der Großvater gern in Ruhe seine Zigarre raucht.

Die Lage des Tivoli ist einmalig. Welche andere Großstadt hat schon einen ständigen Vergnügungspark mitten im Zentrum? Gehen Sie tagsüber oder am Abend hin – jedesmal treffen Sie eine andere Welt. Oder nützen Sie die Eintrittskarte aus, die weniger kostet als ein Kinoeintritt, und bleiben Sie von 10 Uhr morgens bis Mitternacht.

Hunderttausend Blumen blühen zu fast jeder Jahreszeit; Wege und Bäume werden von 110 000 Glühbirnen (kein Neonlicht) beleuchtet; dreimal in der Woche wird ein Feuerwerk abgebrannt; und mehr als 20 Snackbars und Restaurants bieten Ihnen alles an, was Sie haben möchten, vom Hot dog bis zum Menü. Das Restaurant in der chinesischen Pagode lockt die einen, die Arkade mit Spielautomaten die andern. In einem Konzertsaal können Sie die Berliner Philharmoniker oder auch die Feuerwehrkapelle von Århus spielen hören. Was möchten Sie sonst noch erleben? In einem der 85 Läden einkaufen? Einem Orchester beim Walzer oder bei der Polka lauschen? Vielleicht haben Ihre Kinder Lust zu einer Karussellfahrt? Es ist alles zu haben, begleitet von bunten Wasserfontänen im See und nicht zuletzt der Knabenkapelle des Tivoli, die wie eine Mini-Ausgabe der Königlichen Garde durch den Park marschiert.

5 Millionen Menschen besuchen das Tivoli jedes Jahr, eine Zahl, die der Gesamtbevölkerung Dänemarks entspricht. Und ungefähr 300 Millionen sind durch seine Tore gegangen, seit Georg Carstensen 1843 eine königliche Konzession für die Parkanlage erhielt. Das 80 000 m² große Gelände ist bis 1995 von der Stadt Kopenhagen gepachtet, und kaum jemand fürchtet, daß Tivoli aufhören könnte zu bestehen.

Geöffnet ist das Tivoli vom 1. Mai bis Mitte September. Ein Veranstaltungskalender ist an Ort und Stelle zu bekommen.

Tivoli ist ein wahres Paradies für alle, die Stimmung lieben…

bilden alle zusammen eine harmonische Einheit. Am eindrucksvollsten sind die über 40 m lange Haupthalle und der Festsaal mit seinen Statuen und Wappen, vor allem aber der Blick in die Halle vom Säulengang im 1. Stock. In der Bibliothek auf der gleichen Etage sehen Sie eine Sammlung von silbernen Geschenken an die Stadt Kopenhagen.

Besichtigungen des Rathauses sind nur unter Führung möglich. Jede volle Stunde beginnt in der Eingangshalle eine Gesamtführung, und jede halbe Stunde gibt es Erläuterungen zur Weltuhr. Fremdsprachige Führungen sind durch Aushänge angezeigt.

Vor Jahrhunderten ging die Küste noch bis zu der Stelle, an der heute das Rathaus steht, und die Wellen wären um Ihre Schuhe geplätschert.

Feste Schuhe sind übrigens nötig, wenn Sie sich aufmachen, diese liebenswerte und faszinierende Stadt zu besichtigen. Wir schlagen Ihnen vier Spaziergänge vor, deren Verlauf Sie auf der Karte auf den Seiten 24–25 verfolgen können.

...sogar für Romantiker mit Sehnsucht nach dem Fernen Osten.

Weg 1

Altstadt und Strøget

Sie verlassen den Rathausplatz in Richtung Vester Voldgade, überqueren diese Straße bei der Verkehrsampel und gehen auf das Lurenbläserdenkmal zu. In der Lavendelstræde, der ersten Querstraße links, können Sie noch typische Häuser und Läden aus dem Jahr 1796 finden, in dem die Stadt nach dem zweiten großen Brand wieder aufgebaut wurde. Am Ende der Straße fallen das wuchtige Mauerwerk und die Portale von Kopenhagens ehemaligem Rathaus auf, das heute als Gerichtsgebäude *(Domhuset)* dient.

Beim Einbiegen in die Hestemøllestræde sehen Sie rechter Hand das Haus, in dem Mozarts Witwe Konstanze mit ihrem zweiten Ehemann, einem dänischen Diplomaten, gelebt hat. Bei der nächsten Kreuzung gehen Sie geradeaus in die Gåsegade hinein und werfen einen Blick auf die Häuser aus dem 18. Jh., an deren Giebeln noch die alten Kranwinden zu sehen sind – man zog die Möbel damals bequemer daran in die Höhe, anstatt sie die engen Stiegenhäuser emporzuschleppen.

Die Gåsegade mündet auf den reizenden kleinen Platz **Vandkunsten.** Der Name des Platzes bedeutet »Wasserkunst« und erinnert daran, daß hier die erste Wasserleitung Kopenhagens gelegt wurde.

Nach dem Überqueren der Rådhusstræde folgen Sie der Magstræde. Die Nummern 17 und 19 sind zwei der ältesten Häuser Kopenhagens (um 1640); das Haus gegenüber ist ein Jugendzentrum, **Huset** genannt. Außer Jazzklub und Kino, Folkloreklub, Theater und Bars bietet Huset eine Fülle von Informationen; es ist für junge Touristen eine unentbehrliche Adresse, an die sie sich wenden können, wenn sie auf der Reise in Schwierigkeiten geraten oder auch einfach, um interessante Anregungen zu finden. Der Eingang liegt an der Rådhusstræde 13.

Immer geradeaus gelangen Sie zum **Gammel Strand** (Altes Ufer). Wie der Name verrät, war früher hier die Stadt zu Ende. Heute schauen Sie über den Kanal hinüber auf das prachtvolle Schloß Christiansborg auf der Insel Slotsholm mit seinen grünen Dächern.

Gammel Strand ist ein Ort, um einen Augenblick zu verweilen und den Anblick der schönen Uferpartie zu genießen. Ganz rechts, jenseits des Frederiksholms Kanals, sehen

Sie das niedrige Portal des **Nationalmuseet** (siehe S. 61), und direkt gegenüber fällt ein ganz »undänischer« Anblick auf: ein ockergelbes Gebäude mit fünf Portalen und einem klassischen Fries. Es ist ein Denkmal für Dänemarks größten Bildhauer, Bertel Thorvaldsen. Von 1839 bis 1848 erbaut, enthält das **Thorvaldsens Museum** eine umfassende Sammlung seiner Skulpturen (siehe S. 64).

Gammel Strand ist auch einer der beiden Ausgangspunkte für Kanalrundfahrten (Nyhavn ist der andere). Siehe auch S. 116.

Wenige Schritte weiter steht in der Nähe der Højbro die

Statue der **Fiskerkone** (Fischfrau). Sie sieht genauso aus, wie ihre lebendigen Vorbilder, die hier Dienstag bis Freitag jeden Vormittag hinter ihren Ständen sitzen. Das Denkmal steht erst seit 1940, aber Fischverkäuferinnen sitzen hier schon seit Jahrhunderten. Ihre Ware ist immer fangfrisch.

Auf dem nahen Højbroplads erhebt sich das **Reiterdenkmal von Bischof Absalon** – ein eindrucksvoller Anblick (und ein gutes Fotomotiv) vor dem Hintergrund der roten Ziegeldächer und dem hohen kupfergedeckten Turm der Skt. Nikolaj Kirke (Nikolaikirche); heute ist sie Café, Restaurant und Galerie.

Die Højbro (Hohe Brücke) führt direkt auf den Christiansborg Slotsplads hinüber, und damit unmittelbar vor den Haupteingang des vom 90 m hohen Turm überragten **Schlosses Christiansborg**.

Es ist der sechste Bau an dieser Stelle, seit Absalon 1167 seine Festung hier errichten ließ. Plünderungen, Feuersbrünste und erneuerungssüchtige Bauherren haben ihren Zoll gefordert. Die dritte Burg diente ab 1417 als ständiger Sitz der Krone und des Parlaments. Was Sie heute sehen, ist ein Gebäude aus den ersten Jahren unseres Jahrhunderts, das Thorvald Jørgensen entwarf. Am 15. November 1907 legte Frederik VIII. als Grundstein einen Granitblock der mittelalterlichen Festung. Die Mauern erheben sich auf

»Hinterausgang« von Schloß Christiansborg – die Marmorbrücke.

einem Fundament aus rund 7500 Steinen aus allen Gemeinden Dänemarks; die Fassade ist mit Granitplatten verkleidet. Wenn Sie in die Höhe blicken, sehen Sie 57 aus Granit gemeißelte Masken der berühmtesten Männer des Landes.

Der Kupferbelag des Daches stammt von 1937 bis 1939, und seine grüne Patina ist ein typisches Merkmal des Kopenhagener Stadtbildes.

Die Schloßkirche, das Theatermuseum, die Reitbahn und die schöne, vor einigen Jahren instandgestellte **Marmorbrücke,** die die beiden Brände von 1794 und 1884 überstand, geben dem Schloßbezirk einen altertümlichen Charme, den man bei einem so »jungen« Gebäude nicht ohne weiteres erwartet.

Die Anlage enthält soviel Sehenswertes, daß ein Rundgang gut und gern einen ganzen Tag ausfüllen kann. Einzelheiten siehe S. 58.

Am Kanal entlang gelangen Sie zur prächtigen, reich mit Skulpturen verzierten **Børsen** (Börse) aus der Zeit Christians IV. Auch sie hat ein grünes Kupferdach, ist aber vor allem am berühmten Turm aus vier kunstvoll verschlungenen Drachenschweifen zu erkennen. Christian IV., der von der niederländischen Architektur sehr beeindruckt war, beauftragte 1619 ein holländisches Brüderpaar mit dem Bau dieses eigenartigen, exotisch-märchenhaft anmutenden Renaissancepalastes.

Nach links über den Blumenmarkt auf der Børsgade und den Kanal hinweg, sehen Sie die **Holmens Kirke,** ganz von Wasser umgeben und fast venezianisch anmutend, wenn man von den holländischen Giebeln und dem Glockentürmchen in der Mitte absieht. Ursprünglich war es eine Ankerschmiede aus dem 16. Jh., aber der baufreudige König Christian IV. machte 1619 eine Kirche für Seeleute daraus. Der reichgeschnitzte Altar und die Kanzel aus Eichenholz sind Meisterwerke von Abel Schröder dem Jüngeren.

Die Holmens Kirke ist das Gotteshaus der königlichen Familie. 1967 ließ sich Königin Margrethe mit Prinz Henrik hier trauen. Für die Seeleute ist die Kirche noch heute eine Stätte besonderer Verehrung, vor allem die 1706 bis 1708 hinzugefügte, fast 60 m lange Kapelle, die den dänischen Seehelden – von Niels Juel, dem Admiral aus den Schwedenkriegen, bis zu den Gefallenen des letzten Krieges – geweiht ist. Die zwei von

der Decke herabhängenden Schiffsmodelle beruhen auf einer sehr alten Tradition, und Sie werden diese Art von Votivgaben in vielen dänischen Kirchen antreffen.

Vom Portal der Kirche aus überqueren Sie nun die Holmens Kanalgade und gehen durch die Admiralgade zur Skt. Nikolaj Kirke, deren 69 m hoher Turm mehrmals zu sehen war. Die Kirche wurde wiederholt durch Brände zerstört und 1917 zum letztenmal

Die Skt. Nikolaj Kirke schaut über den Strøget.

wieder aufgebaut. Heute dient sie unter anderem für Ausstellungen.

In der Vingårdsstræde hinter der Kirche befinden Sie sich in einer Gegend mit Jazzklubs, kleinen Bars und Künstlerlokalen; dann erreichen Sie den Kongens Nytorv (siehe S. 39) und biegen links in das Nordostende des **Strøget** ein.

Es ist ein Vergnügen, in dieser ältesten und ausgedehntesten Fußgängerzone Kopenhagens bei Tag oder abends umherzuschlendern, sich von den vielen kleinen Bars und Straßencafés verführen zu lassen oder in den reichhaltigen Geschäften einen Einkaufsbummel zu unternehmen (siehe S. 79). Der Strøget ist über 1200 m lang und führt durch fünf aufeinanderfolgende Straßen, von denen keine offiziell den Namen Strøget trägt. Am Kongens Nytorv beginnt er mit der Østergade, dann folgen Amagertorv, Vimmelskaftet, Nygade und schließlich Frederiksberggade.

Hier kann keiner widerstehen: Fußgängerparadies Strøget.

(Heiliggeistkirche) aus dem 17./18. Jh. steht inmitten von Grünanlagen.

Bei der Einmündung von Hyskenstræde und Badstuestræde kommen Sie nach links vom Strøget in ein Viertel, das in seinen Seitengassen abseits der Touristenpfade mit Antiquitätengeschäften und kleinen Läden voller Krimskrams aufwartet.

Mit den beiden Plätzen Gammeltorv und Nytorv weitet sich Strøget zu einer großen Anlage mit vielen Straßencafés. Der **Caritas-Springbrunnen** am Gammeltorv (Altmarkt) stammt von 1609 und ist einer der ältesten Brunnen Kopenhagens. Am Geburtstag der Königin (16. April) läßt man »goldene« Äpfel auf dem Strahl der Fontäne tanzen; diese Tradition wird seit der goldenen Hochzeit von König Christian IX. und Königin Louise (1892) gepflegt.

Von der Østergade biegt die **Pistolstræde** ab, eine Gasse mit Läden und Restaurants in Häusern aus fünf Jahrhunderten. Weiter bei Amagertorv 6 beherbergt das prächtige Haus in niederländischem Barock (1616) eine sehenswerte Porzellansammlung. Die nahe gelegene Helligåndskirke

Der Strøget ändert nun zum letztenmal seinen Namen, diesmal in Frederiksberggade, und etwa 200 m weiter erreichen Sie wieder Ihren Ausgangspunkt, Rådhuspladsen.

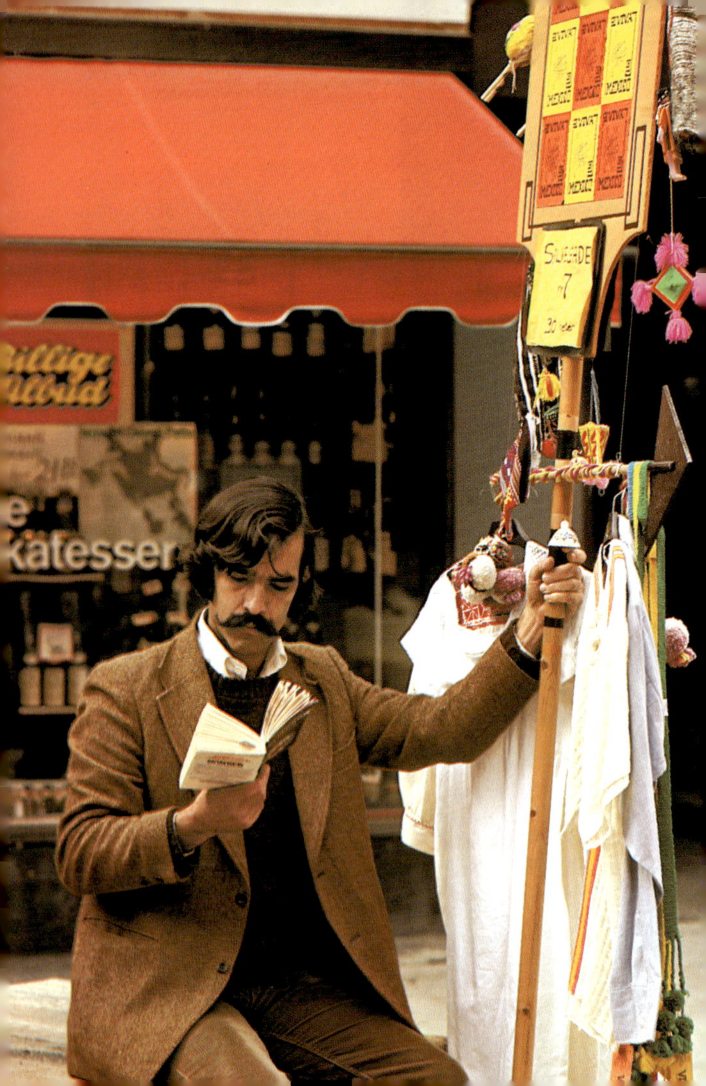
katesser

Weg 2

Kongens Nytorv und Hafen

Dieser Rundgang beginnt am **Kongens Nytorv** (Busse 1, 6, 28, 29 und 41 von Rådhuspladsen). Der »Neumarkt des Königs« Christian V. entstand etwa 1680 und ist immer noch der größte Platz Kopenhagens, von dem 12 Straßen ausgehen.

Die Südostseite schmückt **Det Kongelige Teater** (Königliches Theater), das bedeutendste Kulturzentrum Dänemarks. Hier tritt das Dänische Nationalballett auf, hier werden Opern und Schauspiele aufgeführt. Das Theater wurde 1748 eröffnet und erhielt 1874 seine heutige Gestalt.

Das Palais zur Südseite des Nyhavn Kanals gilt als bedeutendster Barockbau Dänemarks. Es ist **Charlottenborg**, so genannt nach der Königin Charlotte Amalie, die hier wohnte, bevor der Palast 1753 Sitz der Königlichen Kunstakademie wurde. Ulrik Frederik Gyldenløve, ein illegitimer Sohn Frederiks III., war der Bauherr. Charlottenborg entstand von 1672 bis 1683 und war von entscheidendem Einfluß auf die Architektur Dänemarks. Viele Landsitze wurden nach dem Vorbild dieses holländisch beeinflußten Backsteinbaus des niederländischen Architekten Evert Janssen gestaltet. Außerdem veranlaßte Ulrik die dänische Aristokratie, ihre Paläste neben dem seinen zu bauen, und so entstand ein Platz, der zu Recht die Bezeichnung »königlich« trägt.

Zu den weiteren bemerkenswerten Gebäuden am Kongens Nytorv, gehören das **Thotts Palæ** an der Nordostseite, das für den Admiral Niels Juel gebaut wurde und heute die Französische Botschaft beherbergt, sowie das schön erhaltene Gebäude zwischen Bredgade und Store Strandstræde, das **Kanneworffs Hus** von 1782. Im Mittelpunkt des Kongens Nytorv steht ein Reiterstandbild Christians V.

Wenn Sie den Platz überqueren, erreichen Sie **Nyhavn** (Neuer Hafen). Hier umfängt Sie noch ein Hauch von einstigen Landgängen der Schiffer. Die Straße läuft an einem Kanal entlang, der 1671 zur Erweiterung des Hafens ausgehoben wurde. Ein großer Anker an seinem Ende erinnert

Bildungsbeflissener Straßenhändler im Strøget.

an die im Zweiten Weltkrieg gefallenen dänischen Seeleute.

Im Laufe der Jahrhunderte ist zu beiden Seiten des Kanals ein buntes Alt-Kopenhagen entstanden, ein dankbares Motiv für Maler und Fotografen. Heute ist Nyhavn auf der Kanal-Nordseite ein lebhaftes Viertel mit einem Gewirr von Restaurants, Bars, Diskotheken und Tanzlokalen.

Am anderen Ufer und in den angrenzenden Straßen sieht man sorgfältig instandgesetzte Häuserfronten vor Luxuswohnungen und verschiedenen guten Restaurants. Bei einem Lagerhaus aus dem 18. Jh. ist sogar der Umbau zu einer erstklassigen Nobelherberge gelungen.

Hans Christian Andersen lebte zweimal am Nyhavn (Nr. 67 und Nr. 18). Er muß diese Straße geliebt haben, die so viele Eindrücke bietet: historisch interessante alte Häuser, ein reges Nachtleben und das bunte Gewimmel kleiner Schiffe und Boote. Die Schiffe für die Kanalrundfahrten legen hier an, ebenso die planmäßig verkehrenden Tragflügelboote nach Schweden.

Gehen Sie am Nordufer des Kanals entlang bis zum Ende der Straße, um den Blick über den Innenhafen auf Christianshavn mit dem spiralförmigen Turm der Vor Frelsers Kirke (siehe S. 53) zu genießen.

Über die Kvæsthusgade linker Hand kommen Sie zum

Nyhavn – ein angenehmes Viertel mit hübschen Cafés.

Sankt Annæ Plads, einem Straßenzug mit schönen alten Gebäuden. Die Amaliegade, die rechts abzweigt, führt durch einen Torbogen direkt auf den weiten Platz vor dem **Schloß Amalienborg.** Das gepflasterte Achteck mit einem Durchmesser von knapp 150 m ist von kunstvoller Symmetrie. An vier der acht Seiten stehen vier völlig identische Palais mit je zwei Seitenflügeln. Zwei Straßen, Amaliegade und Frederiksgade, durchschneiden den Hof im rechten Winkel, und je 16 Gardesoldaten mit Bärenfellmützen bewachen die Palais, ein weiterer das Hofportal. Die Königin bewohnt

Müde Spaziergänger ruhen sich am Brunnen von Amalienhaven aus.

den Flügel rechts der Kolonnade über die Amaliegade.

Amalienborg wurde nach der Gemahlin Frederiks III., Sophie Amalie, benannt. Die Palais hatte der Hofarchitekt Nicolai Eigtved als Wohnhäuser für adelige Familien entworfen, als Kopenhagen nach 1750 schnell zu wachsen begann. Nachdem aber Schloß Christiansborg wieder einmal abgebrannt war, siedelte die königliche Familie in die von den Adeligen erworbenen Paläste über, wo sie bis heute residiert. Im Mittelpunkt dieser Rokoko-Anlage, einer der schönsten Europas, steht ein **Reiterdenkmal** für König Frederik V.

Hauptattraktion von Amalienborg ist die **Wachablösung.** Wenn die Königin zu Hause ist, marschieren jeden Vormittag um 11.30 Uhr bis zu 70 Gardesoldaten von ihrer Kaserne bei Schloß Rosenborg durch kleine Seitenstraßen, um kurz vor 12 Uhr auf dem Schloßplatz einzutreffen und die Wachen unter gravitätischem Salutieren und Fußstampfen abzulösen.

Die Gärten von **Amalienhaven** liegen zwischen dem

Schloß und dem Hafen. Der belgische Landschaftsarchitekt Jean Delogne und der italienische Bildhauer Arnaldo Pomodoro haben hier zusammengearbeitet.

Die Amaliegade führt Richtung Norden zur Kreuzung mit der Esplanaden. Hier befindet sich, an einem der schönsten Punkte der Stadt, das **Museet for Danmarks Frihedskamp 1940–45** (Museum für die dänische Widerstandsbewegung; siehe S. 61). In der Cafeteria oder auf einer der Bänke können Sie eine Ruhepause einlegen.

Neben St. Alban's Church im Churchillparken steht der **Gefion-Brunnen,** der 1908 von der Carlsberg-Stiftung errichtet wurde. Er stellt die Sage der nordischen Göttin Gefion dar, die ihre vier Söhne in Ochsen verwandelte, um mit ihnen die Insel Seeland aus Schweden herauszupflügen. Der Bildhauer Anders Bundgaard hat die Göttin auf einen kleinen Abhang neben der Kirche gestellt, wo sie, umgeben von einer sprühenden Wasserwolke, ihr Gespann lenkt.

Folgen Sie nun den Wegweisern zur Langelinie und zum berühmtesten Wahrzeichen Kopenhagens, der **Kleinen Meerjungfrau** *(Den Lille Havfrue).* In Andersens Märchen opfert das unglückliche Meermädchen seine Stimme, um seinen Fischschwanz in Beine verwandeln zu können. Sie gewinnt die Liebe eines irdischen Prinzen, muß aber stumm mitansehen, wie er sie zugunsten einer Prinzessin verläßt, und stürzt sich ins Meer. Heute sitzt sie in Bronze gegossen auf einem Stein, klein und unscheinbar, und schaut auf den glitzernden Hafen.

Zur Bestürzung aller Dänen und der Besucher aus aller Welt, die sich die Maid meist viel größer vorstellen, wurde die Meerjungfrau bereits mehrmals mutwillig beschädigt, einmal wurde ein Arm, ein anderes Mal sogar der Kopf abgesägt. Zum Glück stehen noch die Gußformen von 1913 in Edvard Eriksens Atelier, so daß man Schäden an der Skulptur beheben kann.

Spazieren Sie anschließend die etwa 800 m bis zur **Langelinie** hinunter, die ein farbenfrohes Bild bietet, wenn Passagierschiffe dort liegen.

Andernfalls gehen Sie gleich zum **Kastellet,** der Festung, die Christian IV. zur Verteidigung von Kopenhagen bauen ließ. Das über 300 Jahre alte Fort entstand hauptsächlich zwischen 1662 und 1725 und wird heute noch von der Armee benutzt – die Kirche, das Gefängnis und die Hauptwache haben die Zeiten überdauert. Dieser Ort mit der Windmühle von 1847 innerhalb der zum Teil erhaltenen Festungswälle ist ein friedlicher Winkel inmitten der modernen Großstadt.

Ganz in der Nähe befindet sich **Nyboder** (»neue Wohnungen«), ein Viertel, das Christian IV. zwischen 1631 und 1641 für die Seeleute seiner Flotte errichten ließ. Gelb verputzte Häuser mit Schlagläden vor den Fenstern und steilen Giebeldächern bilden im Dreieck des Treffpunkts von Store Kongensgade und Øster Voldgade eine gut erhaltene Siedlung mit altertümlichem Charme.

Verlassen Sie nun die Anlagen des Kastellets durch den südlichen Ausgang auf die Esplanaden, und gehen Sie zur **Bredgade.** Von hier bis zum Kongens Nytorv erstreckt sich ein ehemals elegantes Wohnviertel mit soliden herrschaftlichen Granitsteinhäusern aus dem 18. und 19. Jh., das von Nicolai Eigtved, dem Architekten der Amalienborg, entworfen wurde. Am Haus Bredgade Nr. 70 erinnert eine Tafel daran, daß der Philosoph Søren Kierkegaard 1855 hier gestorben ist. Das Haus daneben ist das **Kunstindustrimuseet** (Museum für Kunsthandwerk), ein schönes Rokokogebäude, das im 18. Jh. als Krankenhaus diente (siehe auch S. 60).

Fast daneben erhebt sich die neuromanische Skt. Ansgar Kirke von 1842, die älteste römisch-katholische Kirche der Stadt. Das kleine, dazugehörige Museum gibt einen Überblick über die Geschichte des Katholizismus in Kopenhagen.

An der Ecke Bredgade/Fredericiagade kommen die drei goldenen Zwiebelhelme der **Alexander Newsky Kirke** in Sicht, die von der russisch-orthodoxen Gemeinde zwischen 1881 und 1883 erbaut wurde. Die Kirche kann man täglich außer Sonntag von 11 bis 14 Uhr besichtigen (Führungen in fünf Sprachen).

Wo die Bredgade sich auf die zur Amalienborg führende Frederiksgade weitet, sieht

Bestaunt und umlagert: die Kleine Meerjungfrau am Hafen.

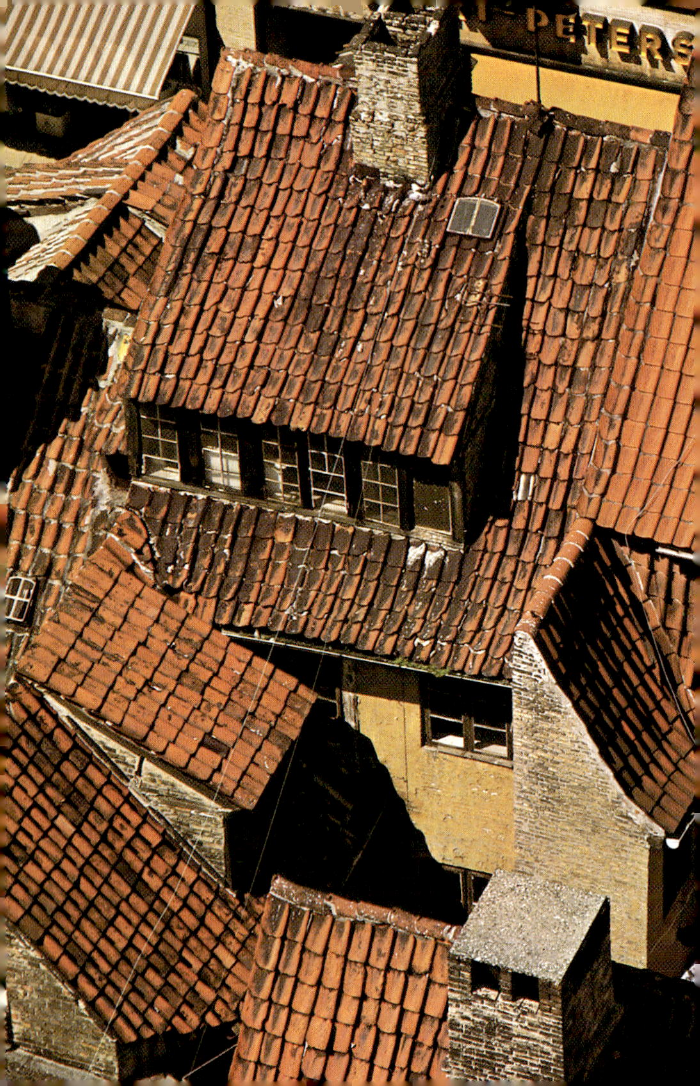
PETERS

man die prachtvolle Kuppel der **Marmorkirken,** mit einem Durchmesser von 33 m eine der weitesten Kirchenkuppeln Europas. Die Kirche, die auch Frederikskirken heißt, wurde um 1740 von Nicolai Eigtved als Mittelpunkt der neuen »Frederiksstadt« entworfen, und Frederik V. legte 1749 selbst den Grundstein. Doch der norwegische Marmor, den man für den Bau benötigte, war so teuer, daß die Arbeiten 1770 ins Stocken gerieten. 100 Jahre lang blieb die Kirche eine malerische Ruine, bis man sich entschloß, anstelle von norwegischem dänischen Marmor von Fakse zu verwenden. 1894 konnte das Gotteshaus endlich geweiht werden.

Das Innere mit den 12 hohen Pfeilern und den Fresken in Blau, Grün und Gold ist von eindrucksvoller Schönheit. Rund um die Kirche stehen Statuen berühmter Männer der dänischen Kirche, vom hl. Ansgar, einem der ersten, die das Christentum nach Dänemark brachten, bis zu Grundtvig; 12 ähnliche Skulpturen, Persönlichkeiten aus der Kirchengeschichte von Moses bis Luther, schmücken den Dachvorsprung.

In der Marmorkirche können Sie etwas verweilen, bevor Sie den Stadtrundgang beenden und durch die elegante Bredgade zum Kongens Nytorv zurückkehren.

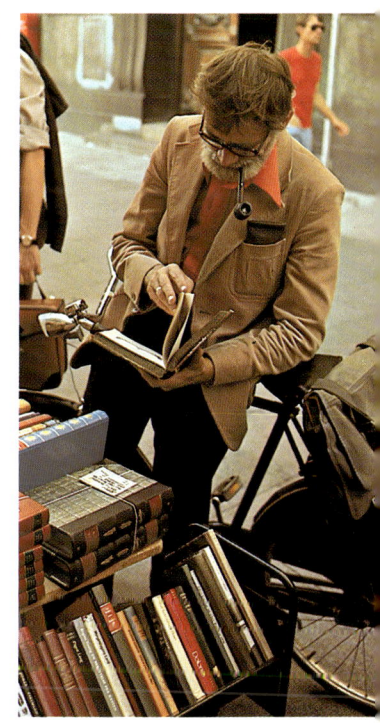

Blick von der Marmorkirche auf die Dächer ... und Schnuppern in verstaubten literarischen Kostbarkeiten.

Weg 3

Universitätsviertel und Parks

Diesmal wenden Sie sich vom Rådhuspladsen nach Westen, gehen ein kleines Stück die Vester Voldgade entlang und biegen dann rechts in die schmale Studiestræde ein, eine Straße mit Antiquitätenläden, Buchhandlungen und Boutiquen, die noch viel vom Stil des 18. Jh. bewahrt hat.

An der Ecke Studiestræde/Nørregade steht eines der ältesten erhaltenen Häuser Kopenhagens, die ehemalige Bischofsresidenz, **Bispegården**, aus dem 15. Jh., heute ein Teil der Universität. Auf dem Bispetorvet steht das Reformationsdenkmal von 1943, das zum 400. Jahrestag der Reformation in Dänemark aufgestellt wurde, und an der gegenüberliegenden Seite des Platzes erhebt sich der Dom Kopenhagens *(Domkirken)*, genannt **Vor Frue Kirke** (Frauenkirche). Schon Bischof Absalons Nachfolger, Sunesen, stiftete um 1200 eine Kirche, doch 1316 waren bereits vier aufeinanderfolgende Bauten abgebrannt. Der neuerliche Wiederaufbau fiel dem großen Feuer von 1728 zum Opfer, ein weiterer der britischen Bombardierung von 1807. Schließlich wurde der Dom in seiner heutigen Gestalt 1811 bis 1829 von C.F. Hansen wieder aufgebaut.

Der große klassizistische Innenraum ist mit Meisterwerken von Thorvaldsen geschmückt. Es sind 12 hohe Apostelstatuen im Schiff und die berühmte Christusfigur am Altar.

Nördlich der Frauenkirche liegen die von 1831 bis 1836 stammenden Hauptgebäude der Universität; die Hochschule wurde schon 1479 gegründet. Das Universitätsviertel mit seinen Straßencafés, Kellerlokalen und hochinteressanten Buchläden ist stark von den Studenten geprägt.

Hinter dem Dom und der Universität verläuft die Fiolstræde, eine beliebte Fußgängerstraße. An der Ecke Fiolstræde/Krystalgade liegt die Synagoge von Kopenhagen.

Gehen Sie die Fiolstræde zurück, und biegen Sie linker Hand in die Skindergade ein. Sie führt zum **Gråbrødretorv**, einem malerischen Platz mit bunt bemalten Häusern aus dem 18. Jh. Hier befand sich bis zur Reformation ein Franziskanerkloster. In den letzten Jahren wurden einige Cafés eröffnet – eine gute Gelegenheit für eine kleine Pause.

In Richtung Købmagergade folgen Sie nun zuerst der Lille Kannikestræde und dann rechts der Store Kannikestræde. Versäumen Sie nicht, einen Blick in den sehr schönen Innenhof von Nr. 10 zu werfen.

Købmagergade, die einladende Fußgängerzone, ist eine der ältesten Geschäftsstraßen Kopenhagens. Christian IV. legte 1637 den Grundstein zur Trinitatis Kirke (Dreifaltigkeitskirche) mit dem **Rundetårn** (Runder Turm). 1642 vollendet und als astronomische Beobachtungsstation eingerichtet, zählt der Turm trotz seiner bescheidenen Höhe von 36 m nun schon seit mehr als 300 Jahren zu den bekanntesten Wahrzeichen der Stadt. Er ist sehenswerter als die eher konventionelle Kirche, zu der er gehört. Sie können ihn besteigen, aber nicht auf einer Treppe – diese wäre nicht geeignet gewesen, um die schweren Instrumente hinaufzuschaffen –, sondern auf einem spiralförmigen, 209 m langen Gang, der sich im Innern hinaufwindet. Zar Peter der Große ritt 1716 hinauf, und seine Gemahlin folgte ihm in einer sechsspännigen Kutsche!

Der Turm ist von April bis Oktober Montag bis Samstag von 10 bis 17 Uhr und Sonntag von 12 bis 16 Uhr zu besichtigen. In der übrigen Zeit ist er Montag bis Samstag von 11 bis 16 Uhr und Sonntag von 12 bis 16 Uhr geöffnet. Die Sternwarte können Sie (Mitte August bis Ende April) an klaren Abenden von 20 bis 22 Uhr besuchen.

Im Studentenheim Regensen dem Turm gegenüber wohnen seit 1623 die Schüler der Universität. Das heutige Gebäude stammt größtenteils aus dem 18. Jh., die kühle Säulenhalle entstand 1909.

Wenn Sie in diesem Viertel sind, sollten Sie keinesfalls das **Musikhistorisk Museum** (Musikhistorisches Museum), Åbenrå 32–34, übersehen, das eine interessante Sammlung alter Musikkinstrumente und Musikliteratur besitzt. Auch für die **Davids Samling** (Davidsche Sammlung), Kronprinsessegade 30 (siehe S. 60), sollten Sie etwas Zeit einplanen.

Vom Runden Turm gehen Sie durch die Landemærket zur Gothersgade und gelangen in einen ausgedehnten Park mit einem der schönsten Schlösser Dänemarks.

Den **Kongens Have** (»Königsgarten«) ließ Christian IV. 1606/77 anlegen. Schloß Christiansborg war ihm zu offiziell und unbehaglich geworden, und so wollte er auf dem Gelände, das damals außerhalb der Stadtmauern lag, auch einen kleinen intimen Landsitz für sich errichten lassen. Wie nicht anders zu erwarten, wurde dann doch wieder ein Schloß daraus, und zwar **Schloß Rosenborg.** Seit 1833 ist es ein Museum von ganz eigenartigem Zauber (siehe S. 64). Christian IV. beteiligte sich selbst am Entwurf des dreistöckigen Backsteingebäudes im Stil der holländisch-dänischen Renaissance. Der harmonische Bau hat Wehrmauern und Wälle, Türmchen und Zinnen wie eine echte Burg und besitzt dennoch die private Atmosphäre eines königlichen Wohnhauses.

Wer sich für Pflanzen interessiert, wird dem **Botanisk Have** (Botanischer Garten) gegenüber von Schloß Rosenborg seine Aufmerksamkeit nicht versagen, während im **Statens Museum for Kunst** (Staatliches Kunstmuseum), etwas weiter nördlich an der Øster Voldgade gelegen, wahre Schätze den Besuch für Kunstliebhaber (siehe S. 86 bzw. S. 64) lohnen.

Mit der Buslinie 10 oder 75 E (während der Hauptverkehrszeiten) gelangen Sie zum Kongens Nytorv bzw. zum Rådhuspladsen zurück.

Weg 4

Christianshavn

Obwohl im Umkreis von Rådhuspladsen und Kongens Nytorv viel zu sehen ist, sollten Sie ein paar Stunden für die andere Seite des Hafenkanals erübrigen und über eine der Brücken, Langebro oder Knippelsbro, nach **Christianshavn** fahren, am besten aber noch weiter bis zu den Dörfern Store Magleby und Dragør auf der Insel Amager.

Der Name des Viertels, »Christianshafen«, bezieht sich auf den Gründer Christian IV., der hier ein kleines Stück Amsterdam geschaffen hat. Es spiegelt seine Vorliebe für die niederländische Architektur wider.

Buslinie 2 oder 8 bringt

Schaubuden am Gråbrødretorv. **51**

Kopenhagen aus luftiger Perspektive – alte und neue Türme beherrschen die Stadt.

Sie vom Rådhuspladsen zum Christianshavn Torv, und von dort folgen Sie nach Nordosten der Straße **Overgaden oven Vandet,** um die holländisch anmutenden Speicher und schmalbrüstigen Häuser mit den Giebelkränen zu betrachten. Die Straße führt an einem schmalen Kanal entlang, auf dem bunte Boote Seite an Seite vertäut liegen.

Wenn Sie dann nach rechts in die Skt. Annæ Gade einbiegen, sehen Sie den italienisch beeinflußten Bau der **Vor Frelsers Kirke** (Erlöserkirche). Die große Sand- und Backsteinkirche wurde 1682 bis 1696 von Lambert van Haven geschaffen, der obere Teil des Turms mit der außen herumführenden Wendeltreppe ein halbes Jahrhundert später von Laurids de Thurah hinzugefügt. 400 Stufen, davon ein Drittel auf der Außenseite des Turms, sind es vom Eingang bis zur vergoldeten Weltkugel und der Christusfigur auf der Spitze, und nur bei gutem Wetter ist diese einzigartige Klettertour gestattet.

Eine Kopenhagener Legende erzählt, daß de Thurah die Spiraltreppe aus Versehen in der verkehrten Richtung entworfen habe und sich vom Turm stürzte, als er dies entdeckte. Doch ist durch Urkunden eindeutig belegt, daß der Architekt die Fertigstellung des Turms 1752 um sieben Jahre überlebt hat.

Zur reichen Ausstattung gehören die Chorwand mit sechs holzgeschnitzten Engeln, ein kunstvoll verzierter Taufstein aus weißem Marmor, der von vier Cherubim getragen wird, und der Hochaltar mit vielen allegorischen Figuren und spielenden Putten. Den Höhepunkt aber bildet die gewaltige Orgel, die kurz vor 1700 begonnen und wiederholt umgebaut wurde (zum letzten Mal 1965). Sie ist mit herrlichen Holzschnitzereien verziert.

Die Vor Frelsers Kirke ist im Sommer von 9 (Sonntag 12) bis 15.30 oder 16.30 Uhr geöffnet (bei schlechtem Wetter geschlossen). Im Winter gelten kürzere Öffnungszeiten. Die Turmbesteigung kostet eine geringe Gebühr.

Von der Spitze haben Sie einen herrlichen Blick über die Stadt.

Bummeln Sie jetzt zurück die Skt. Annæ Gade entlang, überqueren Sie die Snurrebro und gehen Sie bis zur Einmündung in die **Strandgade**, gegenüber dem Außenministerium. Das Viertel ist eine seltsame Mischung aus alt und neu. Ein sehenswertes Beispiel ist das Dänische Architekturzentrum am Gammel Dok, das früher ein Warenhaus war. Wenden Sie sich nach links, und während Sie die Fassaden der Häuser aus dem 17. und 18. Jh. bewundern, versuchen Sie auch einen Blick in die Innenhöfe zu werfen. N.F.S. Grundtvig lebte einige Jahre in Haus Nr. 4B, und in Nr. 6 wohnte im frühen 18. Jh. der dänisch-norwegische Seeheld Peter Wessel Tordenskjold, der, siegreich zur See, ebenso erfolgreich durch seinen ausgelassenen Lebenswandel seine Nachbarn verärgerte. Es heißt, daß er jedesmal, wenn er bei seinen häufigen Banketten *skål* rief, die beiden Kanonen vor seiner Haustür abschießen ließ, bis er – zum Glück für die geplagten Nachbarn – 1720 in einem Duell den Tod fand.

Am Ende der Strandgade steht jenseits der Torvegade die **Christians Kirke,** ein Werk von Nicolai Eigtved aus den Jahren 1755 bis 1759. Sie diente bis 1886 als Kirche der deutschen lutherischen Gemeinde.

Über die nahegelegene Knippelsbro können Sie nun

ins Stadtzentrum zurückkehren. Besser aber ist, Sie nutzen die Gelegenheit, um die Insel Amager und ein malerisches Dorf am Meer kennenzulernen.

Außerhalb der Stadt

Mit öffentlichen Verkehrsmitteln gelangen Sie in die Umgebung von Kopenhagen. Zu den Bezirken auf der Insel Amager im Süden nehmen Sie den Bus 31 von Christianshavn Torv, und Sie steigen nach ein paar Minuten am Amager Boulevard in Bus 30 oder am Sundholmsvej in Bus 33 um. Sie fahren durch ein ausgedehntes Wohnviertel – vor wenigen Jahren waren hier noch Marschland und Schrebergärten –, verlassen die Flughafenroute (Unterführung) und erreichen bald darauf **Store Magleby.**

Hier scheint die Zeit stehengeblieben zu sein – wenn man vom Lärm des nahen Flughafens Kastrup absieht. In der Dorfstraße ist in einem alten Bauernhaus das **Amagermuseet** (Amager-Museum) ganz im alten Stil mit Möbeln und Geräten aus der Vergangenheit eingerichtet. Die Sammlung, 1901 begonnen, stammt von den Dorfbewohnern der Umgebung und macht deutlich, warum in dieser Gegend alles von ausgeprägt holländischem Charakter ist.

Christian II., der von 1513 bis 1523 regierte, war offenbar nicht zufrieden mit der königlichen Tafel, denn er rief niederländische Bauern ins Land, um auf Amager den Boden trockenzulegen und die Landwirtschaft zu verbessern. Dafür gab er den Holländern besondere Vorrechte, und so lebten sie recht gut in Store Magleby, das jahrhundertelang als Hollænderbyen (Stadt der Holländer) bekannt war.

Sie hatten ihre eigene Gerichtsbarkeit und Kirche (mit Gottesdiensten auf holländisch oder niederdeutsch) und kleideten sich in eine originelle Landestracht, die holländisch-dänisch-französische Mischung, von der hier Beispiele zu sehen sind.

Das Amager-Museum ist vom 1. Juni bis zum 31. August Mittwoch bis Sonntag von 11 bis 15 Uhr geöffnet, den Rest des Jahres nur mittwochs und sonntags.

Nehmen Sie nun wieder Bus 30 oder 33 nach dem etwas mehr als 2 km entfernten **Dragør.** Dieses Hafenstädtchen aus dem 18. Jh., vor dessen Kaimauern kleine Fischerboote schaukeln, ist bemerkenswert gut erhalten. Ein Gewirr von schmalen holprigen Sträßchen, die für Autos gesperrt sind, führt von der Hauptstraße weg, und Sie können völlig ungestört umhergehen und zwischen den gelbgetünchten Häusern mit den sorgfältig gepflegten Gärtchen vor der Tür von der guten alten Zeit träumen.

Das älteste Fischerhaus (von 1682) wurde in ein Museum über die Geschichte und die Bräuche der Seefahrt dieser Gegend umgewandelt. Es liegt am Hafen und ist von Mai bis September Dienstag bis Freitag von 14 bis 17 Uhr, Samstag und Sonntag von 12 bis 18 Uhr geöffnet; am Montag geschlossen.

Für die Rückfahrt zum Rådhuspladsen können Sie wieder Bus 30 oder 33 nehmen. Dieser Platz wiederum ist Ausgangspunkt für einen Abstecher zur **Grundtvigskirche** auf Bispebjerg im Nordwesten von Kopenhagen, nur 10 Busminuten vom Stadtzentrum entfernt (Busse 16 oder 19 ab Rådhuspladsen). Hier befindet sich ein Denkmal aus 6 Millionen Backsteinen für Nikolai Frederik Severin Grundtvig (1783–1872), den Gründer der dänischen Volkshochschulen, berühmten Pädagogen und angesehenen Pfarrer.

Die ihm gewidmete Kirche (1921–1940) ist ein eindrucksvolles Beispiel für die dänische Architektur des frühen 20. Jh. Der Entwurf von Peder Jensen-Klint ist überraschend einfach, aber wirkungsvoll. Verwendet wurde ausschließlich mattgelber Backstein, für den 48 m hohen Turm ebenso wie für die Gewölbe des 21 m hohen Schiffs, die Treppen und Pfeiler, die Balustraden, den Altar und die Kanzel. Das Ergebnis ist eine Harmonie der

Das Dorf Dragør kann auf 200 Jahre Geschichte zurückblicken.

Farben und klassische Einheit der Formen.

Über dem klar gegliederten Kirchenschiff leuchten 4800 Orgelpfeifen, und auch die Fassade des Gebäudes erinnert an eine Orgel. Es ist eine würdige Erinnerungsstätte für einen Mann, der in seinen 89 Lebensjahren 1400 Kirchenlieder komponierte.

Öffnungszeiten: Mitte Mai bis Mitte September Montag bis Samstag von 9 bis 16.45 Uhr, an Sonn- und gesetzlichen Feiertagen von 12 bis 16 Uhr, den Rest des Jahres bis 13 Uhr.

Museen

Die Eintrittspreise sind sehr verschieden. Manche Museen sind kostenlos zu besichtigen, bei vielen kostet der Eintritt nur einige Kronen, und bei anderen wiederum – insbesondere bei größeren Ausstellungen in Schlössern und den Sehenswürdigkeiten außerhalb von Kopenhagen – muß man für den Besuch recht tief in die Tasche greifen. Kinder erhalten fast überall eine Ermäßigung von 50–80% und brauchen manchmal auch gar nichts zu bezahlen. Auch die Öffnungszeiten der Museen schwanken und sind immer neuen Änderungen unterworfen. Erkundigen Sie sich vorsichtshalber vorher danach und auch, wie Sie hinkommen.

Christiansborg Slot (Schloß Christiansborg). Das Schloß ist heute Sitz des dänischen Parlaments, mehrerer Ministerien und des Obersten Dänischen Gerichtshofs. Außerdem beherbergt es eine Reihe von Museen, die nachstehend einzeln beschrieben werden.

Lage: Christiansborg Slotsplads; *Busse:* 1, 2, 6 und 8 ab Rådhuspladsen.

De Kongelige Repræsentationslokaler (Königliche Empfangsräume). Ein schöner Ausgangspunkt für die Schloßbesichtigung, jedoch müssen Sie sich einer Führung anschließen und an gewisse Regeln halten.

Die Führerin ist sofort mit einer Anekdote zur Hand: »Sie sehen hier Pilaster in Gestalt männlicher Figuren, die sich unter der Last der Decke beugen – Sinnbild für die modernen dänischen Steuerzahler.«

Im Oberstock führt man Sie durch eine Flucht prächtiger Räume bis zu dem in Grün und Gold ausgekleideten Saal, von dessen Balkon über dem Schloßplatz *(Slotspladsen)* die Monarchen ausgerufen wurden. (Die dänischen Könige sind seit Christian VIII. nicht mehr gekrönt worden, aber als das Parlament Margrethe II. 1972 zur Königin proklamierte, versammelten sich vor dem Schloß rund 50000 Zuschauer.)

Es gibt regelmäßig Führungen in deutscher Sprache.

Teaterhistorisk Museum (Theatermuseum). Wenn Sie die königliche Reitbahn hinter dem Schloß überqueren, stehen Sie vor einem der originellsten Theatermuseen der Welt. Es liegt über den Ställen, und ein kräftiger Duft nach Pferden dringt durch die 200

Jahre alten Fußbodenbretter empor. Es heißt, die gesunde Landluft sei schon den Zuschauern in die Nasen gestiegen, die im damaligen Hoftheater 1767 die erste Vorstellung besuchten.

Der kleine Zuschauerraum und die Galerien sind mit Erinnerungsgegenständen aus der Geschichte des dänischen und internationalen Theaters angefüllt, darunter alte Programme, Kostüme, Drucke und Fotos.

Tøjhusmuseet (Königliches Zeughaus). Aufseher im Dreispitz und knielangen roten Rock erwarten Sie im großen Gebäude an der Südostseite von Christiansborg. Das Museum enthält eine der bedeutendsten Waffen- und Uniformensammlungen Europas. Fast alle Gegenstände sind nicht unter Glas, sondern offen ausgestellt: aufgestapelte Kano-

Die »gute Stube« der Königin auf Schloß Christiansborg.

nenkugeln, Geschütze aller Art, von einer Haubitze aus dem 15. Jh. bis zu modernen Waffen. Von der Decke hängen drei Militärflugzeuge von 1909, 1921 und 1925. Im Obergeschoß sind Uniformen sowie Kleinwaffen zu bewundern.

Davids Samling (Davidsche Sammlung). Neben europäischer Kunst aus dem 17. und 18.Jh., persische mittelalterliche Kunst, Keramik und dänische Silberschmiedearbeiten aus dem 18. Jh., untergebracht in einem schönen Kopenhagener Wohnhaus.
Lage: Kronprinsessegade 30; *Busse:* 7, 10 und 17 ab Kongens Nytorv.

Den Hirschsprungske Samling (Hirschsprung - Sammlung). Das kleine einladende Museum, das der dänischen Malerei, Bildhauerei und dekorativen Kunst des 19. Jh. gewidmet ist, enthält auch Möbelstücke, die die ausgestellten Künstler für ihre eigenen Heime entworfen hatten. Diese Werke vermachte Heinrich Hirschsprung, ein reicher Tabakhändler, um die Jahrhundertwende dem Staat. Schauen Sie sich vor allem die Portraits und die urwüchsigen Landschaften von C.W. Eckersberg (1783–1853) an; weit reichte der Einfluß dieses Lehrers an der Kopenhagener Königlichen Akademie. Um die Jahrhundertmitte schuf Johan Lundbye seine romantischen Landschaften. Eine Generation später hielt Peter Severin die soziale Wirklichkeit fest, während Laurits Tuxen in Paris seinen impressionistischen Stil vervollkommnete.
Lage: Stockholmsgade 20.

Kunstindustrimuseet (Museum für Kunsthandwerk). Europäisches und orientalisches Kunsthandwerk aus dem Mittelalter bis zur Gegenwart, untergebracht in mehreren Rokokogebäuden aus dem 18. Jh.
Lage: Bredgade 68; *Busse:* 1 und 6 ab Rådhuspladsen.

Københavns Bymuseum & Søren Kierkegaard Samling (Stadtmuseum und Kierkegaard-Sammlung). Dieses 1901 gegründete Museum ist bei Kindern besonders beliebt, die am Modell Kopenhagens (1525–1550) im Vorgarten ihre Freude haben. Die Ausstellung alter Firmenschilder und Zunftkleider, Gebäudeteile, Fotos, Stiche und Plakate gibt einen Überblick über die Stadtgeschichte. Das Kierkegaard-Gedenkzimmer enthält persönliche Erinnerungsstücke an den großen Philosophen.

Lage: Vesterbrogade 59; *Busse:* 6, 16, 28 und 41 ab Rådhuspladsen.

Legetøjsmuseet (Spielzeugmuseum). Interessante Sammlung von handgearbeitetem bis zu mechanischem Spielzeug aus der Zeit unserer Mütter und Großmütter (bis etwa 1930).
Lage: Valkendorfsgade 13; *Busse:* 1, 6, 28 und 41 ab Rådhuspladsen.

Louis Tussauds Volksmuseum. Wachsfigurenkabinett mit Nachbildungen dänischer und ausländischer Berühmtheiten.
Lage: H.-C.-Andersens-Boulevard 22.

Museet for Danmarks Frihedskamp 1940–45 (Museum für die dänische Widerstandsbewegung 1940–45). Überblick über Dänemarks Schicksal im Krieg und die Aktivitäten der Widerstandsbewegung. Nach dem deutschen Angriff vom 9. April 1940 richteten die Widerständler unter anderem Untergrundzeitungen und geheime Waffenwerkstätten ein (siehe auch S. 22).
Lage: Churchillparken; *Busse:* Linie 1 oder 6 ab Rådhuspladsen.

Nationalmuseet (Nationalmuseum). Kern der Museumsanlage ist ein Rokokopalais aus dem 18. Jh., das dem dänischen Königshaus gehörte. Königliche Sammlungen waren es auch, die man 1892 zur Gründung des Nationalmuseums zusammenlegte. In gewissem Sinne reicht seine Geschichte jedoch noch weiter zurück, denn das Nationalmuseum überwacht auch die Anwendung des 800 Jahre alten Danefæ-Gesetzes, welches besagt, daß was irgend von Wert ist und auf dänischem Boden gefunden wird, an den König abgeliefert werden muß.

Das umfangreichste Museum Skandinaviens birgt eine Fülle hervorragend angeordneter Exponate von dänischer Steinzeitkunst bis zur Mongolenkultur. Die acht getrennten Hauptabteilungen sind der Kultur- und Entwicklungsgeschichte gewidmet, dazu gehören die vorgeschichtliche, mittelalterliche, volkskundliche (Stadt- und Bauernkultur) und völkerkundliche Ausstellung, die Antiken- und Münzsammlung.

Besonders fesselnd ist ein Blick auf das vorgeschichtliche Dänemark, den Ursprung der einzigartigen Wikingerkultur. Herausragendes Ausstellungsstück aus der Steinzeit ist der Hindsgavle-Dolch (1800–1500 v.Chr.) aus Feuerstein. Gegenstände aus der Bronzezeit, die in Dänemark irgendwann nach 1500 v.Chr. begann, sind ebenfalls reichlich zu sehen. Am eindrucksvollsten ist der Sonnenwagen (1200 v.Chr.). Die Dänen beteten nämlich die Sonne an, und sie stellten sie sich wie eine goldene Scheibe in einem Wagen vor, der von einem himmlischen Pferd über das Firmament gezogen wurde.

Durch die Kolonisation Grönlands ist Dänemark auch ein wichtiger Vermittler der Eskimo-Kultur. Das Museum enthält eine anschauliche Sammlung von Eskimo-Gerätschaften, die Rekonstruktion eines Dorfes, sowie Kleidungsstücke aus dem Mittelalter, die in Grönland gefunden wurden (Erdgeschoß, Eingang Ny Vestergade).

Lage: Fredriksholms Kanal 12 und Ny Vestergade 10; *Busse:* 1, 2 und 6 ab Rådhuspladsen.

Ny Carlsberg Glyptotek. Die Glyptothek wurde im späten 19. Jh. gegründet, um die Antikensammlung des dänischen Bierbrauers Carl Jacobsen (1842–1914) aufzunehmen, der ein bedeutender Kunstkenner war. Was Sie heute unter einem Dach vereinigt sehen, ist eine der umfassendsten Ausstellungen ägyptischer, griechischer, römischer und etruskischer Kunst, die es auf der Welt gibt – mit Statuen und Kunstwerken, um hundert antike Tempel auszustatten. Da ein Teil des Museums speziell für diese Sammlung gebaut wurde, fühlt man sich direkt in die Antike versetzt.

Die moderne Abteilung enthält 25 Gauguins, 3 van Goghs, einige Monets und 7 Plastiken von Rodin, dazu kommen eine vollständige Serie von Degas-Bronzen, erlesene kleine Werke, die dem Maler posthum den Ruf eines begabten Bildhauers eintrugen, sowie eine Sammlung kleinformatiger Bilder dänischer Künstler aus der ersten Hälfte des 19. Jh.

Zu den über 70 Degas-Bronzen ist anzumerken, daß der Künstler seine Plastiken seit 1881, als man eine der Figuren mit Spott bedacht hatte, nicht mehr ausstellte. Nach seinem Tod goß man sie dann neu, und die Familie Jacobsen erstand je ein Exemplar.

Lage: Dantes Plads, am H.-C.-Andersens-Boulevard, in

Im Schatten großer Geister der Antike: Ny Carlsberg Glyptotek.

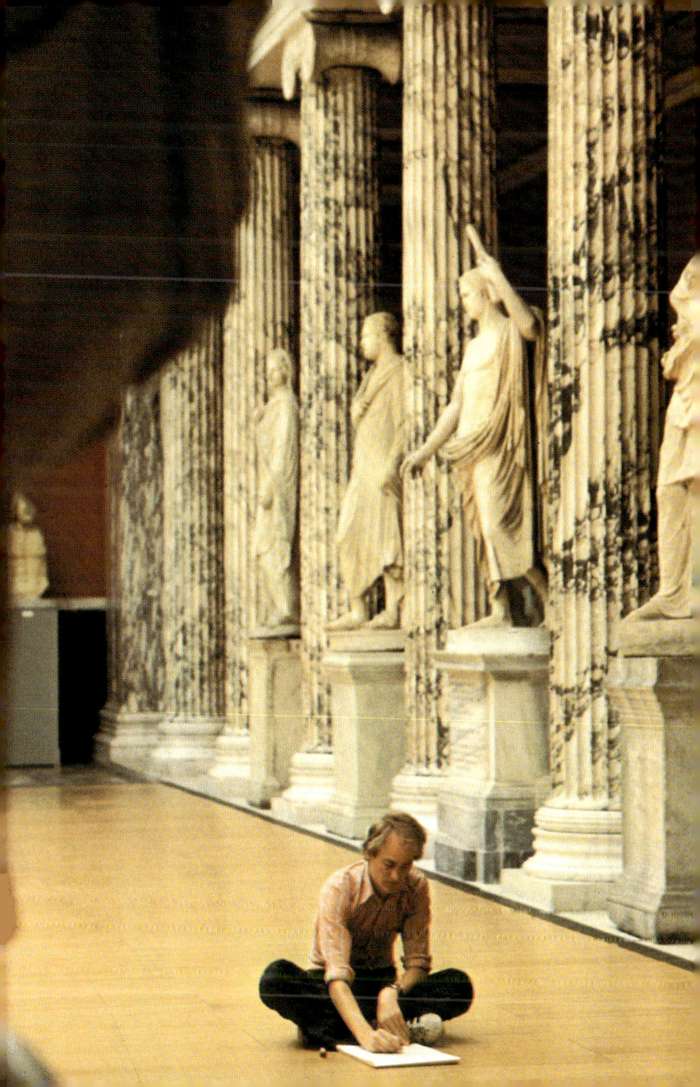

etwa 300 m Entfernung von Rådhuspladsen.

Rosenborg Slot (Schloß Rosenborg). Die 10 000 Exponate des Schlosses spiegeln die Geschichte des dänischen Königshauses der letzten 300 Jahre wider, mit Schwerpunkt auf der Epoche Christians IV. Die Sammlung ist in 24 Zimmern chronologisch geordnet und beginnt mit dem Studierzimmer im Turm. Der Weg durch das Schloß ist durch Pfeile angezeigt, es ist aber auch ein ausgezeichneter amtlicher Führer erhältlich. Nehmen Sie sich vor allem Zeit für den Kronsaal mit seinen wundervollen Gobelins, der reichverzierten Decke und den drei fast lebensgroßen Silberlöwen. Hier sehen Sie auch eine der reichhaltigsten Sammlungen von Silbermöbeln, vorwiegend aus dem 18. Jh.

Die Schatzkammer im Keller enthält die Kronjuwelen des dänischen Königshauses, darunter das älteste erhaltene Exemplar des Elefantenordens (von etwa 1580). Das kostbarste Stück der Schätze in den 18 Vitrinen ist die aus dem 17. Jh. stammende Krone aus der Zeit der absoluten Monarchie.

Lage: Øster Voldgade 4 A; *Busse:* 14 und 16 ab Rådhuspladsen oder S-Bahn bis Nørreport.

Statens Museum for Kunst (Staatliches Kunstmuseum). Das helle Gebäude birgt eine Gemäldesammlung von frühen Niederländern bis zu modernen dänischen Malern. Besonders stark vertreten sind dänische Landschaftsmaler des 19 Jh., Werke von Matisse und repräsentative niederländische und flämische Maler von Rembrandt bis Paulus Potter. Außerdem sehen Sie italienische Meister wie Tizian und Tintoretto und die sehr schöne Sammlung von Dürer-Stichen.

Besonderes Interesse verdient der dänische Maler Niels Larsen Stevns (1864–1941), dessen farbintensive, dramatische Darstellungen sowohl religiöse Themen wie auch Szenen aus dem Leben Hans Christian Andersens umfassen. Auch einige spukhafte Grotesken von Emil Nolde (1867–1956) sind beachtenswert.

Lage: Ecke Sølvgade und Øster Voldgade; *Busse:* 10 ab Kongens Nytorv oder 75 E (Hauptverkehrszeiten) ab Rådhuspladsen.

Thorvaldsens Museum. Hier begegnen Sie der Antike in besonderer Form: die römischen und griechischen Gottheiten, die in großer Anzahl herabblicken, sind Schöpfungen aus dem 19. Jh. Es ist das Lebenswerk von Dänemarks größtem Bildhauer, Bertel Thorvaldsen (1770–1844).

Nach der Rückkehr von seinem 40jährigen Romaufenthalt, bei dem ihm die dänische Regierung einen triumphalen Empfang bereitete, stiftete er seine Sammlung und sein Vermögen zum Bau dieses Museums. Er wählte den jungen Architekten Gottlieb Bindesbøll dafür aus, und so kam Kopenhagen zu einem seiner eigenartigsten und unkonventionellsten Gebäude. Die reich dekorierte, ockerfarbene Fassade entspricht dem Innern mit seinen schwarzen, roten, dunkelblauen und orangefarbenen Wänden und Decken, die einen wirkungsvollen Kontrast zu dem weißen Marmor und Stuck der Skulpturen Thorvaldsens bilden.

Die Ausstellung im Erdgeschoß, die aus 21 miteinander verbundenen Abteilungen besteht, zeigt makellose Statuen von Göttern, Päpsten und Aristokraten – Ausdruck eines überaus idealisierten Menschenbildes.

Lage: Porthusgade 2, Slotsholmen; *Busse:* 1, 2 und 6 ab Rådhuspladsen.

Ausflüge

In Dänemark sind Sie nirgendwo weiter als 50 km vom Meer entfernt – kein Wunder, denn das Land besteht aus über 400 Inseln. Auch die Kopenhagener haben ihren eigenen Badestrand, Wälder und ein großes Seengebiet, und wer will, kann noch innerhalb der Stadtgrenzen einen Ausflug unternehmen, der eine Bootsfahrt einschließt und an Wind- und Wassermühlen vorbei zu einem Schloß auf dem Land und in anheimelnde Dorfwinkel führt.

Freilichtmuseum Sorgenfri und Lyngby-See

Erstes Ziel ist das Frilandsmuseet Sorgenfri. 13 km nördlich vom Stadtzentrum gelegen, erreichen Sie es mit dem Auto auf den Hauptstraßen A3 und A5, mit dem Bus 84 von der Haltestelle Nørreport in der Innenstadt oder mit der S-Bahn, Linie A und Cc (bis Station Sorgenfri). Wer unternehmungslustiger ist und mehr sehen will, steigt von der S Bahn in Jægersborg in den kleinen roten Triebwagenzug *Grisen* (»Schwein«) um – der Name

AUSFLÜGE

SCHWEDEN
Malmö
Ven
Öresund
Nivå Bugt
HÄLSINGBORG
HELSINGØR
Kronborg
DÄNEMARK
Kattegat
Esrum Sø
Arresø
HILLERØD
Frederiksborg Slot
Fredensborg Slot
Louisiana
Oslo
0
5
10 km
N
Ålsgårde
Hellebæk
Ellekilde
Hornbæk
Saunte
Borsholm
Horserød
Gurre
Mørdrup
Espergærde
Humlebæk
Nederste Torp
Øverste Torp
Sletten
Nivå
Niverød
Ullerød
Kokkedal
Usserød
Rungsted
Hørsholm
Smidstrup
Tikøb
Jonstrup
Danstrup
Fredensborg
Asminderød
Lønholt
Avderød
Gunderød
Karlebo
Isterød
Sjælsø
Blovstrød
Kirkelte
Dronningmølle
Nakkehoved
Horneby
Villingerød
Esrum
Sørup
Grønholt
Gilleleje
Bregnerød
Søborg
Saltrup
Kirke Esbønderup
Multebjerg 89
Mårum
Nødebo
Gadevang
Hammersholt
Børstingerød
Kollerød
Ullerød
38
Smidstrup
Alme
Græsted
Nejlinge
Kagerup
Tulstrup
Freerslev
Gørløse
Helsinge
Valby
Højbjerg
Alsønderup
Tjæreby
Harløse
Blistrup
Annisse
Nejede
Meløse
Borup
Strø
Kvinderup
Lille Lyngby
Skævinge
Rågeleje
Vejby
Ørby
Lavø
Ramløse
Store Lyngby
Store Havelse
Sigerslevvester
Tisvilde
Ølsted
Frederiksværk

FREDERIKSSUND
Jørlunde
Bastrup
Søllerød
Sperrestrup
Oppe Sundby
Store Rørbæk
Slagslunde
Furesø
Holte
Virum
Sorgenfri
Lundtofte
Brede
Tårbæk
13.
Dyrehaven
Bellevue Strand
FARUM
Lille Værløse
Frederiksdal
Mølleåen
Ordrup
Klampenborg
Stenlille
Ganløse
Bagsværd Sø
Lyngby Sø
Lyngby
Skovshoved
Lille Rørbæk
Ølstykke
Bagsværd
Jægersborg
Charlottenlund
Knardrup
Hareskovby
Gentofte
Svestrup
Søsum
Stenløse
Buddinge
Hellerup
Veksø
Måløv
Gladsaxe
Østby
Jyllinge
BALLERUP
Herlev
Søborg
Malmö
Gundsømagle
Smørumovre
Skovlunde
Husum
Sønderby
Ågerup
Hove
KØBENHAVN
Østrup
Brønshøj
Kirkerup
Ledøje
Ejby
Islev
Roskilde Fjord
Tagerup
Herringløse
Nybølle
Vanløse
Christianshavn
Saltholm
Frederiksberg
Herstedøster
Ågerup
Risby
Rødovre
Store Valby
Sengeløse
Brøndbyøster
Veddelev
Soderup
Albertslund
Sundbyerne
Marbjerg
Fløng
GLOSTRUP
Kastrup
Baldersbrønde
Hvidovre
Himmelev
Tårnby
ROSKILDE
Hedehusene
Avedøre
TÅSTRUP
Vallensbæk
Kalveboderne
Tømmerup
Reerslev
Ishøj
Amager
Limhamn
Lejre, Holbæk, Kalundborg
Vindinge
Kildebrønde
Viberup
Store Magleby
Dragør
Hundige
Darup
Greve
Ullerup
Glim
Karlstrup
Tune
Søvang
Greve Strand
Mosede
Gøderup
Ringsted
Brordrup
Snoldelev
Køge, Ringsted
Køge
Karlslunde Strand
Kirke Syv
Travemünde

bezieht sich auf das quietschende Warnsignal des Vorgängerzuges – und fährt bis Fuglevad in der Nähe des hinteren Eingangs zum Museum.

Frilandsmuseet beherbergt auf seinem 36 ha großen Gelände 40 Bauernhöfe, Handwerkstätten und eine holländische Windmühle. Nach ihrer geografischen Herkunft in Gruppen aufgestellt, liegen sie an Landstraßen mit alten Brücken und Dorfbrunnen. Jedes Gebäude wurde Stein für Stein von seinem Ursprungsort in Dänemark hierhergebracht. Auch sind Häuser aller Bevölkerungsklassen vertreten, von Landarbeitern und Grundbesitzern, Handwerkern und Bauern. Vor allem im Sommer kann man genau sehen, wie sie alle lebten, denn dann wird gedroschen und gewoben, Stroh geflochten und getöpfert, die Schafe werden geschoren, Volkstänze aufgeführt, und man kann an Ausritten, Kutschenfahrten und Picknicken auf den baumbestandenen Wiesen teilnehmen.

Über die sich von Jahr zu Jahr ändernden Öffnungszeiten und die Zeiten für die Führungen informieren Sie sich am besten durch die Zeitungen oder bei den Fremdenverkehrsämtern (siehe S. 113).

Spazieren Sie an einem schönen Tag den knappen Kilometer auf der Hauptstraße nach LYNGBY hinüber, um die Schiffsrundfahrt zu unternehmen. Die Umgebung ist so ländlich, wie man sie in einer Großstadt kaum erwarten würde. Zur Linken liegt der weiße Barockbau von **Sorgenfri Slot,** der im 18. Jh. von Laurids de Thurah errichtet wurde (siehe auch S. 52). Die Straße überquert dann den Mølleåen (Mühlbach) mit einer alten **Windmühle** an seinem Ufer.

Wenn Sie nun den Wegweisern zur Rechten mit der Aufschrift *Lyngby Sø-Bådfarten* (»Lyngby-See – Bootsfahrt«) folgen, erblicken Sie bald den Anlegesteg mit zwei überdachten Schiffen, würdigen Oldtimern, die schon seit 1890 die vier Seen dieser Gegend durchpflügen.

Eine dreiviertelstündige **Rundfahrt** Lyngby–Frederiksdal oder Lyngby–Sophienholm gibt Ihnen einen Eindruck von der Schönheit dieser von Schilf und Bäumen umrandeten Seen. Die Schiffe verkehren, je nach Wetterlage, von Mai bis September oder Oktober.

In Frederiksdal sehen Sie auf einem Hügel das **Schloß,** das der König einem Geheimrat schenkte und das seit 1745 von Nachkommen der gleichen Familie bewohnt wird.

Wenn Sie die andere Route wählen, kommen Sie zum ehemaligen **Landsitz Sophienholm** (1805), der heute ein Kunst- und Kulturzentrum ist, mit einem Café, von dem Sie den Blick über den idyllischen Bagsværd-See genießen.

Wieder in Lyngby, fahren Sie mit dem Bus 84 vom Anlegesteg in die Stadt zurück; oder Sie gehen die paar Schritte zur S-Bahn-Station der Linie A oder Cc, die sie ebenfalls ins Stadtzentrum bringt.

Nord-Seeland und seine Schlösser

Dieser Ausflug von etwa 120 km führt am Meer entlang und durch eine sanft gewellte Landschaft mit Wiesen und Feldern, in der immer wieder Zinnen und Türme zahlreicher Schlösser auftauchen.

So richtig »hyggelig«: im Freilichtmuseum Sorgenfri.

Wählen Sie die Strecke durch die Küstenvororte von Kopenhagen, an die sich die sogenannte dänische Riviera mit ihren kleinen Buchten und Fischerdörfern anschließt. Wenn Sie in Eile sind oder das Wetter nicht dazu einlädt, können Sie die Autobahn A3 Richtung Helsingør benutzen.

Ein interessantes Ziel ist das südlich von HUMLEBAEK gelegene **Louisiana,** ein Museum für moderne Kunst. Es ist in einem Landsitz aus der Mitte des 19. Jh. untergebracht – dessen Besitzer, ein Käsehändler, dreimal mit Frauen namens Louise verheiratet war. Darin und in den neu errichteten Bauten werden ständig Ausstellungen moderner Kunst aus allen Ländern, besonders aber von jungen dänischen Künstlern gezeigt. Die hellen, weiß verputzten Innenräume bilden den neutralen Rahmen ebenso für Werke Chagalls wie für moderne Pop-Art-Ausstellungen. Geöffnet: Täglich von 10 bis 17 Uhr.

Bald kommt das **Schloß von Helsingør** in Sicht. An der schmalsten Stelle des Øresund auf einer hervorspringenden Halbinsel gelegen, heben sich seine grünen Dächer leuchtend vom blauen Wasser ab. Es ist als Schloß Elsinore aus Shakespeares Hamlet bekannt. Doch seine Geschichte berichtet von keiner Hamlet-Tragödie. Shakespeare lieh den Namen für seinen Helden ohne historische Grundlage vom jütländischen Prinzen Amleth, einem Vorfahren der Wikinger.

Der wirkliche Name des Schlosses lautet Kronborg, und es wurde 1574 bis 1585 unter Frederik II. erbaut, um von den Schiffen, die durch den Øresund in die Ostsee fuhren, Zölle einzutreiben. Frederik wollte in einem behaglichen repräsentativen Schloß wohnen. Daher umgab er die Anlage mit mächtigen Wällen und konnte der Bau nun mit großen Fenstern und dekorativen Türmen versehen. Antonius van Opbergen, ein flämischer Baumeister, wurde mit dem Entwurf des vierflügeligen Schlosses betraut, und dänische und holländische Künstler schmückten es mit Malereien, Gobelins und Bildhauerarbeiten, wie man sie nie zuvor in Skandinavien gesehen hatte.

Bemerkenswert sind die langen Galerien und Treppenhäuser, die kunstvolle **Schloßkirche** und vor allem der mit 62×11 m größte **Rittersaal** in Nordeuropa, einer der prächtigsten Räume der dänischen Renaissance. Die Wände sind heute mit allegorischen Gemälden geschmückt, die verschiedenste Themen zum Inhalt haben. Früher hingen hier 42 berühmte Gobelins des Niederländers Hans Knieper mit Porträts der 111 Dänenkönige vor Frederik II. 14 Gobelins sind erhalten, 7 in einem kleinen Saal des Westflügels zu besichtigen, die andern im Nationalmuseum von Kopenhagen.

Das interessante **Handels- og Søfartsmuseet** (Handels- und Schiffahrtsmuseum) im Nordflügel des Schlosses enthält eine Ausstellung alter Navigationsinstrumente und zeigt die Entwicklung des Handels und der Schiffahrt sowie Funde aus frühen dänischen Siedlungen in Grönland und Westindien.

Das Schloß ist das ganze Jahr über – Mai bis September von 10 bis 17 Uhr, November bis März von 11 bis 15 Uhr, April und Oktober von 11 bis 16 Uhr – zu besichtigen. Führungen finden jede halbe Stunde statt.

Helsingørs Marktplatz mit den gemütlichen Cafés und schönen Wohnhäusern vor allem aus dem 18. Jh. lädt zu einer Pause ein. Danach fahren Sie auf der nördlichen Küstenstraße nach DRONNINGMØLLE, das einen der besten Badestrände des Kattegat hat, und biegen dann nach Süden Richtung ESRUM ab. Auf schmalen, gewundenen Straßen geht es nun quer durch Seeland, durch Buchenwälder und Ackerland, vorüber an den typischen Bauernhöfen, die sich im Viereck um einen gepflasterten Hof gruppieren. In Esrum folgen Sie den Wegweisern nach JONSTRUP und fahren am Esrum-See entlang, bis an seinem Ufer das **Schloß Fredensborg** zu sehen ist.

Dieses vollendete Beispiel italienisch-niederländischen Barocks wurde zwischen 1719 und 1722 auf einem kleinen Hügel erbaut und erhielt seine heutige Gestalt rund 50 Jahre später. Mit seinen grün oxydierten Kupferdächern steht das Schloß in einer Landschaft, die Frederik V. so sehr entzückte, daß er es zu seiner Sommerresidenz ausbaute. Den Park schmückte er mit lebensgroßen Statuen von Bauern, Handwerkern und Fischern. Er ist jederzeit zugänglich, die königlichen Privaträume und -gärten nur in Abwesenheit der königlichen Familie.

Nach 9 km erreichen Sie HILLERØD, und damit das Juwel unter Dänemarks Schlössern, **Schloß Frederiksborg.** Es ist das monumentalste Bauwerk Christians IV. und gilt zu Recht als eines der prächtigsten Renaissanceschlösser Nordeuropas. Während der Epoche der absoluten Monarchie wurden alle dänischen Könige hier gekrönt. Das romantische Wasserschloß aus Back- und Sandstein brannte 1859 aus und wurde 20 Jahre später durch einen dänischen Bierbrauer gerettet. Damals erhielt der Brauereibesitzer J.P. Jacobsen vom König die Zustimmung, Frederiksborg in ein nationalhistorisches Museum umzubauen. Heute gewinnen Sie beim Gang durch mehr als 60 Räume ein lückenloses Bild der Geschichte des dänischen Königshauses seit der Einführung der Oldenburger Dynastie durch Christian I. (1448), von der alle folgenden Herrscher, bis 1863 in direkter, danach über die Seitenlinie Schleswig-Holstein-Sonderburg-Glücksburg, abstammen.

Der **Riddersalen** (Rittersaal) ist neben der Schloßkirche der zweite Glanzpunkt von Frederiksborg. Der 55 m lange Saal ist fast beängstigend in seinen

Mekka für dänische Künstler der Moderne: Louisiana. Unten: Dänische Landschaft – von Gletschern glattgeschliffen.

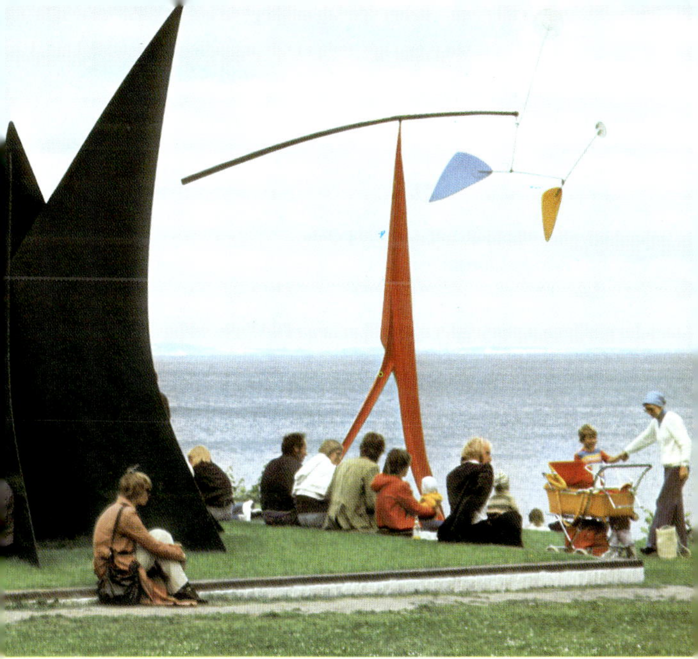

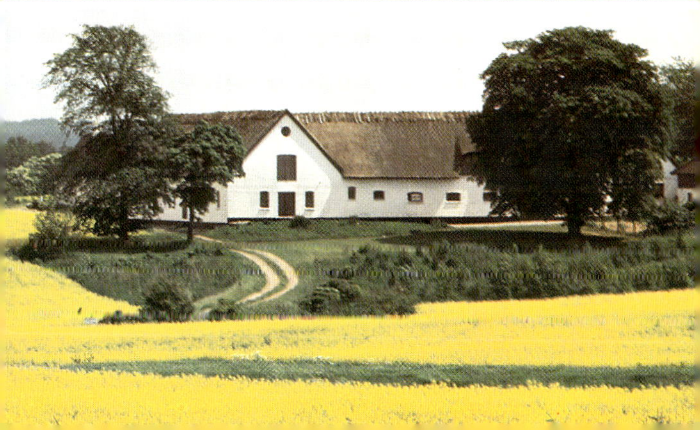

Ausmaßen. Die Gobelins, der Marmorfußboden und die geschnitzte Holzdecke sind Rekonstruktionen, die nach dem Brand von 1859 aufgrund von Gemälden und Zeichnungen entstanden.

Allein die **Slotskirken** (Schloßkirche) unter dem Rittersaal blieb vom Feuer verschont. Vergoldete Pfeiler tragen das hohe Kirchenschiff mit gotischen Sterngewölben, fast jeder Quadratzentimeter ist mit Schnitzereien und anderen Dekorationen wie Marmorintarsien mit Zitaten aus der Heiligen Schrift, Einlegearbeiten aus Ebenholz und anderen seltenen Hölzern versehen. Altar und Kanzel sind ebenfalls aus Ebenholz und mit Silberreliefs biblischer Szenen verziert. Die **Orgel** zählt zu den wertvollsten Musikinstrumenten Europas, da sie, seit sie der flämische Meister Esaias Compenius 1610 schuf, fast unverändert erhalten ist. Die herrliche Kirche gehört für viele zu den unvergeßlichsten Eindrücken einer Dänemarkreise.

Nach einem Rundgang auf dem gepflasterten Schloßhof mit dem **Neptunbrunnen** (Rekonstruktion des Originals von 1620) fahren Sie auf der A5 nach Kopenhagen zurück.

Schloß Frederiksborg ist das ganze Jahr über täglich geöffnet: Mai bis September von 10 bis 17 Uhr; November bis März von 11 bis 15 Uhr; April von 11 und Oktober von 10 bis 16 Uhr. Sie können es ohne Auto mit der S-Bahn Richtung Hillerød erreichen. Fast zu allen Jahreszeiten werden außerdem von Kopenhagen aus Besichtigungsfahrten veranstaltet.

Roskilde

Die kurze Fahrt (20–30 Minuten von Kopenhagen) lohnen der 800jährige Dom mit den prachtvollen Grabmälern von 37 Königen, das einzigartige Wikingerschiffmuseum und, ganz in der Nähe, das interessante »prähistorische« Versuchsdorf bei Lejre.

Ob Sie mit dem Auto, dem Bus oder der Eisenbahn in der kleinen adretten Stadt ankom-

Frederiksborg war einst Rahmen prunkvoller Krönungszeremonien. Dänemarks Märchenschloß ist es auch heute noch.

men, sollten Sie gleich zur **Domkirke** gehen, deren drei grünbedachte Turmspitzen schon von weitem die flache Landschaft beherrschen. An dieser Stelle wurde zuerst um das Jahr 1000 von König Harald Blauzahn (siehe auch S. 14) anläßlich seiner Bekehrung zum Christentum eine Holzkirche erbaut. Um 1170 begann Bischof Absalon, der Gründer Kopenhagens, mit dem Bau eines steinernen Gotteshauses für sein Bistum, aus dem sich über 300 Jahre Bautätigkeit hinweg der romanisch-gotische Bau von heute entwickelte. Christian IV. fügte 1635 die charakteristischen Turmspitzen hinzu. Er ließ auch seine eigene Grabkapelle errichten und, an der Nordwand des Doms, einen vergoldeten Kirchenstuhl, streng vergittert und abgeschlossen von der Gemeinde, so daß er, wie es heißt, während des Sonntagsgottesdienstes in Ruhe seine Pfeife rauchen konnte.

Seit Margrete I. (gestorben 1412) liegen hier fast alle dänischen Könige und Königinnen begraben. Ihre Sarkophage bilden ein Nebeneinander vieler Stile. So dominieren in der einfachen Kapelle für Frederik V. weißer Putz und Marmor aus Norwegen, während die Kapelle, in der Christian IV. liegt.

mit üppigem Schmuck aus dem 19. Jh. und einem prachtvoll geschmiedeten Gitter von 1618 ausgestattet ist.

Wenn Sie zur vollen Stunde im Dom sind, sollten Sie sich die Uhr an der Südwestseite des Schiffs anschauen. Dann führen die 500 Jahre alten Holzfiguren ein kleines Schauspiel auf.

Die Kapelle am Nordwestturm des Doms wurde 1985 eingeweiht und Frederik IX., König von Dänemark (1947–1972), gewidmet, der hier beigesetzt wurde.

Stændertorvet, der Marktplatz nahe der Kirche, bietet ein buntes freundliches Bild, besonders, wenn bei schönem Wetter die Cafétischchen draußen stehen und am Mittwoch und Samstag auf dem Markt

Roskilde: Königsgräber im 800-jährigen Dom und eisenzeitlicher Alltag im »prähistorischen« Lejre.

Obst, Gemüse und Blumen verkauft werden. Am Samstag findet auch ein beliebter Flohmarkt statt. Durch Parkanlagen gelangen sie vom Marktplatz zum Fjord hinunter, wo die **Vikingeskibshallen** (Wikingerschiffmuseum) steht.

Als die Dänen im 11. Jh. den Roskilde-Fjord sperren wollten, um Roskilde vor räuberischen Überfällen zu schützen, versenkten sie fünf ihrer Schiffe an einer engen Stelle der Einfahrt. Es war eine aufsehenerregende Entdeckung, als diese Schiffe 1962 wieder ans Tageslicht gehoben wurden. Sie bilden den Grundstock des Museums, das dicht am Ufer des Fjords liegt und nur durch die Verglasung zur Wasserseite hin von ihm getrennt ist. Für die Rekonstruktion mußten von jedem Schiff ein Metallskelett nachgebildet und danach Tausende von Holzteilen chemisch behandelt, getrocknet und aufgesetzt werden.

Über die Bergungsaktion wird anhand von Fotos, Landkarten und, im Keller, kostenlosen Filmvorführungen – auch auf deutsch – berichtet.

In Roskilde gibt es Theatervorstellungen unter freiem Himmel, Bootsfahrten auf dem Fjord, Konzerte, Viehausstellungen, Feuerwerk und andere Aktivitäten, die während des Stadtfestes im August ihren Höhepunkt erreichen. Wenn Sie mit dem Zug nach Roskilde fahren, können Sie auf dem Hauptbahnhof in Kopenhagen eine Sonderfahrkarte *(Roskilde særtilbud)* lösen, die für Hin- und Rückfahrt sowie als Eintrittskarte für Dom und Schiffsmuseum gilt.

10 km südwestlich von Roskilde liegt bei LEJRE das **Historisch-Archäologische Versuchszentrum Oldtidsbyen.** Hier versucht eine Gruppe von jungen Leuten in strohgedeckten Lehmhütten den Alltag der Menschen in der Eisenzeit nachzuleben. Gleichzeitig wollen Sie zeigen, wie sich der Gebrauch primitiver Werkzeuge auf die Umwelt auswirkte, wie der Mensch durch seine zunehmenden Bedürfnisse die Natur zerstörte, wie Wälder verschwanden und Wildtiere ausgerottet wurden.

Alljährlich strömen 80000 Besucher nach Lejre, um die Tierfarmen, Werkstätten und Filmvorführungen zu sehen und einen Blick in das rauchgeschwärzte Innere der »prähistorischen« Behausungen zu werfen.

Das Dorf ist vom 30. April bis zum 30. September täglich von 10 bis 17 Uhr geöffnet; im Winter bleibt es geschlossen.

Malmö und Lund

Der Sprung ins Nachbarland Schweden dauert mit dem Fährschiff von Kopenhagen (Nyhavn) knapp 2 Stunden.

MALMÖ, Schwedens drittgrößte Stadt, bietet Ihnen beste Einkaufsmöglichkeiten.

Eigentliches Ziel ist jedoch die 20 km entfernte, altehrwürdige Universitätsstadt LUND, ehemals Zentrum der Christianisierung Schwedens und bis 1658 dänischer Besitz.

Der **Dom** *(Domkyrken)* aus dem 12. Jh. gilt als bedeutendstes romanisches Bauwerk Schwedens. Besichtigen Sie die Krypta mit der Stifterfigur des Riesen Finn, des legendären Domerbauers, an einer ihrer Säulen und den 800 Jahre alten Altar sowie die **astronomische Uhr** beim Hauptportal.

Über den Domplatz nach Nordosten erreichen Sie das **Kulturhistoriska Museet,** kurz *Kulturen* genannt. Dieses Freilichtmuseum besitzt nicht nur stilgerecht ausgestattete Gebäude (wie Sorgenfri, S. 68) aus ganz Schweden, sondern auch einen fast 1000 Jahre alten Runenstein, Modelleisenbahnen und Puppenhäuser ...

Mit der Fähre von Malmö oder Hälsingborg können Sie bei einem *smørrebrød* nach Dänemark zurückkehren.

Was unternehmen wir heute?

Einkaufsbummel

In Kopenhagen genießen selbst nervöse Ehemänner das Einkaufen, ist es doch angenehm, sich durch Stil und Qualität anregen und faszinieren zu lassen.

Öffnungszeiten

Im allgemeinen haben die Geschäfte von 9 bis 17.30, am Samstag 12 oder 14 Uhr, geöffnet. Lange Einkaufstage bis 19 oder 20 Uhr sind der Freitag und manchmal auch der Donnerstag. Einige Geschäfte (oft Lebensmittelgeschäfte) bleiben am Montag oder Dienstag geschlossen.

An Sonn- und Feiertagen sind Bäckereien, Blumengeschäfte, *smørrebrød-,* Süßwarenläden und Kioske meist vormittags einige Stunden offen.

Noch spätabends einkaufen – bis 22 Uhr oder Mitternacht – kann man jeden Tag am Hauptbahnhof, der wie ein fröhliches Dorf wirkt. Die Kneipe für ein letztes Gläschen ist rund um die Uhr geöffnet, und es gibt hier einen Supermarkt, Wechselstuben, eine Post, einen Zimmernachweis, Snackbars und Kopenhagens letzten Schuhputzer.

In der Stadt findet man auch einige Rund-um-die-Uhr-Läden *(dag og nat shop)*, die ab 3 Uhr früh frisches Brot verkaufen und auch andere Lebensmittel, Bier und Spirituosen führen.

Gute Einkaufsgegenden

In der Fußgängerzone Strøget / Fiolstræde / Købmagergade finden Sie alles, was das Herz begehrt; Keramik- und Silbergeschäfte, Kunsthandwerk und Haushaltgegenstände, Kopenhagens führende Pelzgeschäfte, Antiquitätenläden (auch in den kleineren Nebenstraßen), moderne Keramik- und Silberschmiedewerkstätten, Kleidung und Strickwaren, Spielzeug, Pfeifen, Andenkenläden und Kioske.

Etwas abseits vom Touristenstrom liegen die Straßen Bredgade und Store Kongensgade mit interessanten Boutiquen.

In fast allen Geschäften wird Englisch und Deutsch gesprochen.

Empfehlenswerte Käufe

Dänisches Porzellan. Das Geheimnis seines sanften Zaubers liegt in einer besonderen Technik der Unterglasurbemalung, die man nur bei der Königlichen Porzellanmanufaktur *(Den kongelige Porcelainsfabrik)* (gegründet 1775) und bei Bing & Grøndahl (1853) findet. Jedes Stück wird zuerst gebrannt, dann von Hand bemalt und bei etwa 1500°C nochmals gebrannt und glasiert. Keine zwei Stücke sind genau gleich, und es gibt alles, vom Aschenbecher bis zum Speiseservice mit 100 Teilen, in verschiedenen Preisklassen.

Qualität ist Trumpf – ob bei atemraubenden Möbeln oder unwiderstehlichen Antiquitäten.

Seit etwa 10 Jahren hat die moderne **Keramik** von Bjørn Wiinblad immer mehr an Beliebtheit gewonnen. Man sieht seine dekorativen Figuren, Teller, Vasen und Aschenbecher fast überall.

Silber ist eine weitere dänische Spezialität, besonders die Kostbarkeiten von Georg Jensen. Alle Silberwaren stehen unter staatlicher Qualitätskontrolle und müssen gestempelt sein. Das Angebot reicht vom einfachen Schlüsselring bis hin zu Einzelstücken von kostbarem Schmuck.

Glaswaren und Haushaltsgeräte aus **Edelstahl** mit typischem dänischem Design und bester handwerklicher Verarbeitung sind immer ein guter Kauf. Auch wird noch immer mundgeblasenes Glas nach alter Tradition hergestellt.

Möbel aus Dänemark zählen zu den besten der Welt. Wichtiger als der Hersteller ist dabei der Name des Designers. Möbel sind der nationale Stolz Dänemarks; der kleine schwarze Aufkleber zeigt an, wenn sie – wie fast immer – unter dänischer Fachkontrolle gefertigt wurden.

Lampen sind ebenfalls besonders formschön und zweckmäßig, genauso wie **Textilwaren** und **handgewebte Teppiche.**

Pelze sind von fantastischer Qualität. Wenn Sie sich außer Ihrem Ferienaufenthalt noch einen dänischen Nerz leisten können – Sie werden es nicht bereuen!

Strickwaren haben meist komplizierte Norwegermuster, sind warm, aber nicht gerade billig.

Antiquitäten gibt es im Überfluß, Rustikales eher als Exquisites; Spaß genug, überall ein bißchen herumzuschnuppern, besonders in den Gassen der Altstadt.

Bernsteinketten baumeln an Ständern vor allen Läden im Strøget, in vielen Größen und Ausführungen.

Tabakpfeifen sind ebenfalls eine dänische Spezialität. Die Preise richten sich nach dem Alter des Holzes und der Verarbeitung. Eine handgeschnitzte Bruyère-Pfeife aus 200 Jahre altem Holz wird dem Pfeifenraucher 20–30 Jahre lang Vergnügen bereiten.

Spielzeug ist einfach und formschön; besonders empfehlenswert ist alles aus Holz, wie Eisenbahnen, Schiffe usw.

Souvenirs werden in Hülle und Fülle angeboten. Kleine Meerjungfrauen, Kopenhagener Puppen in schwarzen Spitzenhäubchen und Rüschenrökken, blaue Keramikfiguren,

Tiere, Trolle und Wikinger, handbemalte Löffel. Hübsch ist ein Amager-Regal mit drei oder vier handbemalten Brettern in einem dreieckigen Rahmen – Vorsicht vor billigen Imitationen!

Aquavit *(akvavit)* der köstliche dänische Schnaps, mit Kümmel gewürzt, ist preiswerter als die importierten Spirituosen. Wenn Sie eine Flasche mitnehmen wollen, kaufen Sie sie am günstigsten im Duty-free-Shop auf dem Flugplatz.

Dänemarks Kunsthandwerk bewahrt alte Traditionen und Kontinuität in der Qualität der Erzeugnisse.

Die rund 22%ige Mehrwertsteuer, die für Waren und Dienstleistungen erhoben und in Dänemark MOMS genannt wird, kann man umgehen, wenn man Großeinkäufe in Geschäften mit dem rot-weißen Aufkleber »Danish Tax-Free Shopping« tätigt. Einzelheiten erfährt man im Laden.

Und wie wär's mit einem Familienausflug per Rad?

Entspannung

Mieten Sie ein Fahrrad, um die Welt aus einer neuen Perspektive anzusehen, bummeln Sie durch die Parks und Buchenwälder, und gehen Sie abends in ein Konzert oder einen Jazzklub. Oder setzen Sie sich auf eine Bank, um Ihr *smørrebrød* zu verspeisen und eine Flasche dänischen Biers dazu zu trinken. Diese Art des Picknicks ist hier durchaus Brauch. Und hat auch die Dame Lust auf eine

Zigarre, wird sich keiner auch nur nach ihr umdrehen!

Radfahren. Eine Weltanschauung! Einige Hotels stellen ihren Gästen kostenlos Leihräder zur Verfügung; Natürlich können Sie auch eins mieten (siehe S. 111). Es ist ein Vergnügen, das ausgedehnte Radwegnetz *(cykelsti)* zu erforschen. Wenn es anfängt zu regnen, laden die Überlandbusse Ihr Fahrrad aufs Dach. Sogar die Taxis bringen Ihren Drahtesel gegen eine geringe zusätzliche Gebühr zum Hotel zurück.

Badestrände. Bellevue, der nächste Strand, ist nur 20 Minuten mit der S-Bahn, Linie C nach Klampenborg, entfernt – allerdings auch das Ziel ganz Kopenhagens an sonnigen Tagen.

Dyrehaven. In Bellevue sind Sie auch am Eingang zum Königlichen Hirschpark. Sie können zu Pferd oder mit der Kutsche bei der Wildfütterung zusehen – fragen Sie aber vorher nach dem Preis.

Der **Vergnügungspark Bakken** liegt am Rande des Parks, unweit von Bellevue. Er hat eine große Rutschbahn und Bierhallen, eine Zirkus-Revue, ein verwirrendes Spiegelkabinett, Striptease und Freiluftbühnen für Gaukler und Spaßmacher. Man kann Bingo spielen und seine Sprößlinge auf dem Kinderspielplatz *(børnelegeplads)* deponieren, aber auch gut essen: Versuchen Sie *æbleskiver som vor mor bager dem*, Apfelküchlein »wie bei Muttern«. Sehr dänisch!

Zoo. Der Zoologisk Have von Kopenhagen ist trotz seines Alters von fast 120 Jahren einer der schönsten Europas. Er beherbergt mehr als 2500 Tiere, es gibt einen Kinderzoo, ein Café und ein Restaurant. Der Zoo ist von 9 Uhr bis Sonnenuntergang (spätestens 18 Uhr) geöffnet. Er liegt am Roskildevej 32, 10 Minuten mit den Bussen 28 oder 41 ab Rådhuspladsen.

Botanischer Garten. Gartenfreunde könnten ganze Tage im Botanisk Have verbringen, um die Pflanzen (in 70 Abteilungen), das Palmenhaus und die anderen Treibhäuser anzusehn. Der Eingang zu dem 10 ha großen Gelände liegt gegenüber von Schloß Rosenborg. Es ist bis Sonnenuntergang geöffnet und mit dem Bus 14 ab Rådhuspladsen, mit 7 und 17 ab Kongens Nytorv zu erreichen.

Zirkus. Fast direkt gegenüber dem Tivoli, Ecke Axeltorv/Jernbanegade gelegen und 1887 gegründet, wurde er vier Jahre hintereinander als bester Zirkus Europas ausgezeichnet. Vorstellungen finden von Mai bis Oktober jeden Abend statt; in den übrigen Monaten Konzerte, Musicals und Ballette.

Besichtigungen von kunstgewerblichen Betrieben. Besuchen Sie auf einer organisierten Busfahrt (siehe S. 122) eine Porzellanmanufaktur oder Silberschmiede, um zu sehen, wie die schönen Dinge gemacht werden, die Sie in den Geschäften finden.

Brauereien. Nehmen Sie an einem Besichtigungsrundgang teil. Carlsberg erwartet Sie am Ny Carlsbergvej 140 (Elefantentor, Bus 6 ab Rådhuspladsen) um 9, 11 und 14.30 Uhr zu mehrsprachigen Führungen, Tuborg am Strandvej 54 (Bus 1 ab Rådhuspladsen) von 8.30 bis 14.30 Uhr. Beide Brauereien öffnen ihre Tore für Besichtigungen von Montag bis Freitag.

Oper und Konzert. Das ganze Jahr über finden im Königlichen Theater, in Kirchen und Museen Konzerte statt.

Das Pantomimentheater im Tivoli sollten Sie nicht versäumen.

Ballett. Das Königliche Dänische Ballett ist zu Recht weltberühmt und mit seiner 200-jährigen Geschichte eines der ältesten Europas. Es zeigt (September bis Juni) auch modernen experimentellen Tanz, doch seine große Tradition liegt im klassischen Ballett.

Jazz. In den führenden Klubs oder Bars der Jazz-Metropole Europas wird bis 2 Uhr früh oder noch später gejazzt. Auslandische Stars treten z.B. auch im Montmartre (Nørregade) auf. Kleinere Bars erheben keinen Eintritt.

Folk- und Rockmusik. Im Universitätsviertel gibt es vier Folkmusik-Lokale. Kopenhagen hat einen Rocktanzsaal, und im Fælledparken finden sonntags im Sommer kostenlose Rockkonzerte statt.

Kino. Filme werden in Originalfassung mit dänischen Untertiteln gezeigt.

Nachtklubs. Fragen Sie Ihre Hotelrezeption nach Lokalen, die Striptease oder Variété bieten; Sie finden beides, mit ausgezeichnetem Niveau.

Diskotheken. Man trägt sich meistens am Eingang als Mitglied ein. Es gibt alle Arten von »Musikschuppen«, laut und turbulent in manchen Stadtvierteln, elegant und anspruchsvoll in vornehmen Hotels.

Sexklubs und -kinos. Kopenhagens Sex-Hochburgen, die im Strøget zunehmend Anstoß erregten, haben sich größtenteils in die Gegend Istedgade/Halmtorvet westlich vom Hauptbahnhof verzogen.

Cafés. Sie sind einladend, freundlich, erholsam. Halten Sie sich so lange, wie Sie wollen, an Ihrem Bier oder Kaffee fest – und lernen Sie Dänen kennen.

Bei Dänen zu Hause. Nutzen Sie die Chance, in ein dänisches Haus eingeladen zu werden. Lassen Sie sich Essen und Trinken schmecken, aber sagen Sie nicht zu oft *skål* zur Hausfrau, denn sie ist darauf bedacht, bei Gesprächen einen klaren Kopf zu behalten.

Feste
Dänemark hat keine großen kirchlichen Feiern, pompösen Staatsakte oder Krönungszeremonien. Doch gibt es Feste genug. Im Veranstaltungskalender von Kopenhagen sehen Sie, was wo geboten wird. Ganz besondere Feste sind:

Vikingespil (Wikingerfestspiele). Mitte Juni bis Anfang Juli findet in Frederikssund (40 km nordwestlich von Kopenhagen) alljährlich ein Volksfest mit Theateraufführungen, Met und Barbecue statt. (Organisierte Busfahrten von Kopenhagen).

Sankt Hansaften (Johannisnacht). Am 23. Juni werden entlang der »Riviera« nördlich von Kopenhagen Feuer angezündet, um die Hexen auf den Blocksberg zu treiben.

Kopenhagener Sommerfest. Popkonzerte, Kammermusik und andere Veranstaltungen werden bei freiem Eintritt in verschiedenen Stadtteilen aufgeführt. Nähere Auskunft gibt der Veranstaltungskalender.

Roskilde Festival. Ende Juni bis Anfang Juli findet in Roskilde (30 km westlich von Kopenhagen) das größte Pop-Festival Nordeuropas mit Jazz und Rock in schönster Umgebung statt.

Ein Tänzchen in Ehren kann niemand verwehren.

Sport

Im Umkreis von Kopenhagen gibt es Sportmöglichkeiten für alle. Beliebtester Zuschauersport ist Fußball. Als Betätigungssport werden Segeln und Angeln bevorzugt. Die dänischen Fremdenverkehrsämter geben Ihnen genaue Auskünfte und vermitteln Adressen und Telefonnummern. In Kopenhagen gehen Sie am besten zum Informationsbüro am H.C. Andersens Boulevard 22; Tel. 31 11 13 25.

Angeln. Das Mekka für Hochseefischer ist Jütland, aber Sie können auch von der Insel Amager und der Küste nördlich von Kopenhagen aus im Øresund auf Fischfang gehen. Es gibt Kabeljau, Makrelen, Schollen und Hechte. Für das Angeln von Süßwasserfischen ist keine Lizenz nötig. In Lyngby kann man für Lyngby-, Bagsværd- und Fure-See Boote zum Angeln mieten.

Bogenschießen. Im Vorort Valby Idrætspark, Mai bis Oktober.

Eislaufen. Im Winter sind viele Wasserflächen innerhalb des Stadtgebiets zugefroren. Außerdem gibt es eine Eislaufhalle *(skøjtehal)* am Forum von Kopenhagen (Julius Thomsens Plads) und weitere in den Vororten. Sie sind alle von Oktober bis April in Betrieb.

Fußball. Meist Amateursport. Jedes Wochenende von April bis Juni und August bis November, und an einigen Werktagen im Mai, Juni und September. Das Hauptstadion liegt am Idrætsparken.

Golf. In Dänemark gibt es mehr als 30 Klubs, 8 davon im 40-km-Umkreis von Kopenhagen; der nächstgelegene ist in Lyngby, Dyrehaven 2, Tel. 31 63 04 83.

Kegeln. Drei Bahnen in der Stadt; zwei davon im Juli geschlossen.

Pferderennen. In Klampenborg; auf der Galoprennbahn *(galopbane)* von Mitte April bis Mitte Dezember vor allem samstags. S-Bahn bis Klampenborg, dann Bus 176 (siehe auch Trabrennen).

Radrennen. Sehr beliebt, ein Besuch lohnt sich. Mai bis September montags oder dienstags im Radrennstadion von Ordrup *(cykelbane)*. Man fährt mit der S-Bahn, Linie A bis Charlottenlund.

Reiten. Gute Möglichkeiten, vor allem im Hirschpark Dyre-

Falls Sie gern so in der Sonne liegen – keinen wird es stören. Unten: Auf sonntäglicher Erkundungsfahrt.

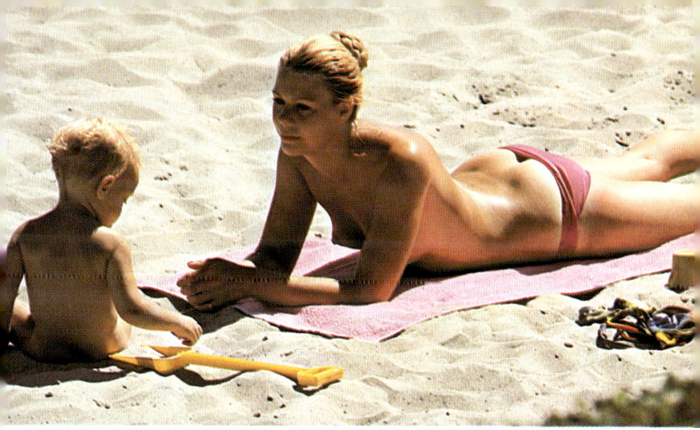

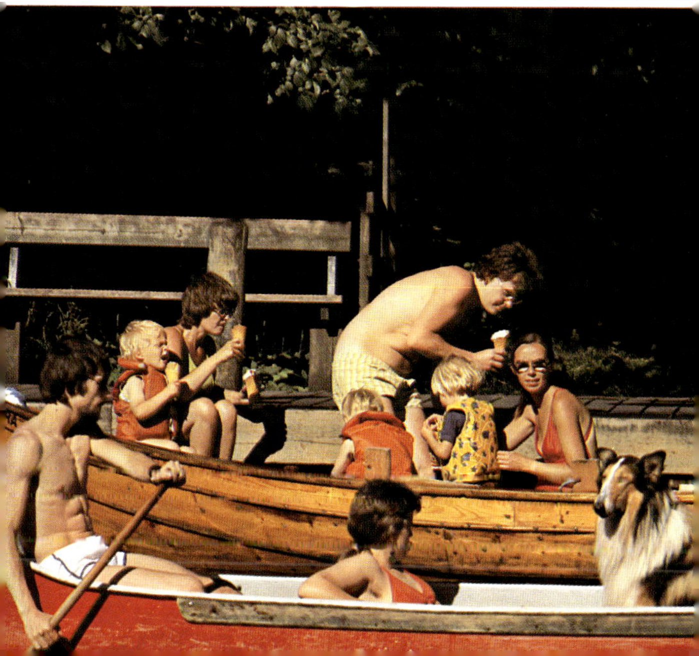

haven. Dort gibt es mehrere Reitställe und -schulen. Schlagen Sie im Branchentelefonbuch *(Fagbog)* unter *Rideundervisning* nach.

Rudern. Eine der beliebtesten Sportarten; es gibt eine Olympia-Rennstrecke und viele Klubs. Auskunft bei *Dansk Forening for Rosport,* Vester Voldgade 91, 1552 Kopenhagen V.

Schwimmen. Sie können an der ganzen Küste von Seeland im Norden und Süden der Stadt baden, aber das Wasser ist selten warm. Der Nacktbadestrand liegt bei Tisvildeleje an der Nordküste, aber man kann auch anderswo nackt baden, vorausgesetzt, daß es niemanden stört.

Kopenhagen hat annähernd ein Dutzend Hallenschwimmbäder, einige davon mit Sauna-, Massage- und Gymnastikräumen.

Segeln. Auf den Seen und an der Küste können Boote, Jachten und Kajütkreuzer gemietet werden. Beim Segeln auf dem Øresund, wo man wegen des dichten Schiffsverkehrs sehr achtgeben muß, ist ein Nachweis über Navigationskenntnisse erforderlich. Sie können durch das Dänische Fremdenverkehrsamt an ihrem Heimatort ein Boot vorbestellen (siehe S. 113).

Am Pferderennen in Klampenborg wird nicht nur dem Sieger zugejubelt.

Tennis. Gegen eine geringe Gebühr können Sie als Gast in einem der örtlichen Klubs spielen. Ausländer sind willkommen. Adressen gibt Ihnen das Fremdenverkehrsamt.

Trabrennen. Nach Fußball der beliebteste Zuschauersport. Die Trabrennbahn liegt in Charlottenlund (S-Bahn) auf dem Weg nach Klampenborg.

Wasserski. Gewinnt auf dem Fure-See immer mehr Anhänger.

Tafelfreuden

Zwar wird ein Däne nicht täglich das gewaltige Frühstück verzehren, das die Touristen in den Hotels bekommen, aber er wird mittags stillvergnügt zwei Stunden über seinem *frokost smørrebrød* sitzen, oder auch vier, wenn er Gäste hat. Das Abendessen *(middag)* kann, wenn er dazu aufgelegt ist, um 18 Uhr anfangen und sich den ganzen Abend hinziehen*.

Restaurants und Bars

Sie haben die Qual der Wahl zwischen mehr als 2000 Restaurants, Cafés, Bars und Snackbars in Kopenhagen. Restaurants servieren oft zusätzlich zu den Gerichten *à la carte* ein Tagesgericht *(dagens ret)* und das »*Dan-Menü*«, ein Mittag- oder Abendessen mit zwei Gängen zu einem festen Preis. Speisen von der Tageskarte *(daglig kort)* sind meist billiger als die von der regulären Speisekarte *(spisekort)*. Schauen Sie sich auch nach gemütlichen Kellerlokalen um,

in denen selbst viele Einheimische nur zu Mittag essen (siehe *Copenhagen This Week*). Außerhalb der Stadt ißt man in einem der Landgasthäuser *(kro)* oft in bezaubernder Atmosphäre, aber nicht immer billig.

Möchten Sie abends (oder auch zu jeder anderen Tages- oder Nachtzeit) noch etwas trinken? Dann gehen Sie in eins der vielen Cafés, Pubs oder eine der Bars, die in der ganzen Stadt verstreut sind. Etwas traditioneller sind die »Wirtshäuser« *(værtshus)* und je nach Stadtviertel mehr oder weniger komfortabel.

Bedienung und Mehrwertsteuer sind im Rechnungsbetrag inbegriffen. Die Dänen haben mit Trinkgeld nicht allzuviel im Sinn, aber nach einem Essen im Restaurant ist es üblich, die Rechnung als Anerkennung für guten Service aufzurunden.

Frühstück

Wer nicht ein dänisches *morgenmad* genossen hat, weiß nicht, was frühstücken heißt. Es gibt Brötchen oder Brot, Schinken, Wurst oder Käse, Marmelade und Gebäck, manchmal ein Ei und immer ein Glas Milch oder Fruchtsaft, dazu Tee oder Kaffee.

---

* DÄNISCH FÜR DIE REISE von Berlitz sowie das Berlitz Taschenwörterbuch DÄNISCH-DEUTSCH, DEUTSCH-DÄNISCH enthalten ein ausführliches Verzeichnis dänischer Speisen.

Kalte Küche
Dänemarks kalte Küche ist berühmt. Sie werden schnell lernen, diese kulinarische Köstlichkeit zu würdigen.

Smørrebrød besteht aus dick bebutterten Schwarzbrot- oder Weißbrotscheiben, die mit so verschiedenen Delikatessen belegt sind wie Kalbfleisch *(kalvekød),* Tartar *(bøf tartar),* Leberpastete *(leverpostej),* Lachs *(laks),* Räucheraal *(røget ål),* Dorschrogen *(torskerogn),* Krabben *(rejer),* Hering *(sild),* Schinken *(skinke),* Roastbeef *(roast beef),* Salat mit Mayonnaise *(salat)* oder Käse *(ost).* Dieser Grundbelag ist mit den verlockendsten Zutaten garniert. Die größeren Restaurants haben Dutzende von Sorten *smørrebrød.* Sie können Ihre Wahl meist auf der Speisekarte anstreichen und dabei das Brot nach Ihrem Geschmack aussuchen *(rugbrød:* Schwarzbrot; *franskbrød:* Weißbrot; *pumpernikkel* und *knækbrød:* Knäckebrot). Zwei oder drei dieser belegten Brote sind eine ausreichende Mahlzeit. Ein Restaurant in Kopenhagen bietet 178 Variationen von *smørrebrød* an!

Smørrebrød ist nicht mit dem schwedischen *smörgåsbord* zu verwechseln, eine internationale Bezeichnung für das kalte Buffet skandinavischen Stils, das in Dänemark *koldt bord* heißt. Man bezahlt einen Festpreis und beginnt an einem Ende des Tisches mit verschiedenen Heringsköstlichkeiten, Meeresfrüchten, Mayonnaisesalaten und anderen Delikatessen. Dann geht es weiter mit Leberpastete, Schinken und anderem kaltem Fleisch. Trotz seines Namens umfaßt ein *koldt bord* immer auch einige warme Gerichte wie Fleischklößchen, Würstchen, Suppe und gebratene Kartoffeln. Verschiedene Brotsorten und Salate stehen auch auf dem Tisch.

En platte ist eine kalte Platte mit sechs bis acht Spezialitäten, die man oft mittags ißt.

Aquavit (siehe S. 83) und Bier passen besonders gut zum *koldt bord.*

Fisch
Fisch (oder ein *smørrebrød)* ist der übliche erste Gang bei einem größeren Essen. Man kann Fisch natürlich auch als Einzelgericht bekommen – auf jeder dänischen Speisekarte steht er in vielen Variationen. Der Lieblingsfisch ist Hering; er wird mariniert, in pikante Soßen eingelegt oder gebraten, mit Sherry, Essig, Curry oder Fenchel gewürzt serviert. Auch die roten, fleischigen Garnelen aus Grönland sind sehr gefragt.

Hummer wird reichlich angeboten (ist aber teuer), ebenso Krebse, Lachs, Dorsch und Heilbutt. Die kleinen Øresund-Schollen *(rødspætte)* stehen auf jeder Speisekarte. Eine Spezialität sind im Sommer *danske rejer*, einheimische Krabben, die auf Weißbrot serviert werden.

Fleisch

Noch vor ein paar Jahren bestanden die dänischen Fleischgerichte fast ausschließlich aus Schweine- und Kalbfleisch. Neuerdings stehen aber auch Lamm und Rindfleisch auf der Speisekarte. Die bekanntesten Steaks sind *fransk bøf* (oder *bœuf*), Filetsteak mit gebratenen Zwiebeln und Salzkartoffeln. Salzkartoffeln oder auf *smørrebrød* gegessen werden.

Feinschmecker-Restaurants bieten klassische französische Küche an, in kleineren dagegen finden Sie dänische Spezialitäten wie *mørbradbøf*, magere und sehr schmackhafte Schweinefilets, die als Hauptgang mit Zwiebeln, Soße und

Dänische Frikadellen *(frikadeller)* werden aus einer fein gehackten Mischung von

Zwei, die zusammenpassen: Smørrebrød und Bier.

Kalb- und Schweinefleisch hergestellt und fast stets mit Rotkohl und Salzkartoffeln serviert. *Biksemad* ist gut und billig, ein Eintopf aus Kartoffelscheiben, Zwiebeln und Fleisch, mit einem Spiegelei darauf. *Hakkebøf* ist der mürbe dänische und *parisbøf* ein kurz gebratener, fast roher Hamburger, garniert mit rohem Eigelb, rohen Zwiebeln, Kapern und Meerrettichsoße.

Salate

Das dänische Wort *salat* bedeutet entweder grünen Salat mit Eier- und Tomatenscheiben und vielen roten Paprikaschoten oder, häufiger, einen jener köstlichen Mayonnaisesalate, die in vielen verschiedenen Arten auf *smørrebrød* oder als Vorspeise angeboten werden: *italiensk salat* besteht aus Karottenscheiben, Spargeln, Erbsen und Makkaroni, *skinkesalat* aus Schinken und *sildesalat* aus eingelegten Heringen, roten Beten, Äpfeln und sauren Gurken. Dies sind nur einige wenige der vielen Salate, die das *smørrebrød* so delikat machen.

Käse und Obst

Der Danish Blue *(Danablu)* mit seinem intensiven, pikanten Geschmack ist international bekannt. *Mycella*, ähnlich aber milder, gibt es fast nur in Dänemark. *Fynbo* und *Samsø* haben einen süßlichen Nußgeschmack. In Dänemark werden auch sehr gute französische, holländische und Schweizer Käsesorten hergestellt.

Bei einem Essen mit mehreren Gängen folgt auf den Käse noch Obst. Dänemark muß viele Früchte importieren, hat aber eine reichhaltige Auswahl an einheimischen Beeren.

Nachspeisen

Wenn Sie auf die schlanke Linie achten wollen, werden Sie bestimmt schwach beim Anblick der verführerischen dänischen Desserts, die alle mit Sahne *(fløde)* oder Schlagsahne *(flødeskum)* reich garniert sind.

Die beliebtesten sind: *æblekage* (gedünstete Äpfel mit Vanille, geschichtet mit Biskuits und Schlagsahne darauf; *bondepige med slør* (zerbröckeltes Schwarzbrot, Apfelsoße, Zucker und Schlagsahne) und *rødgrød med fløde* (rote Grütze mit Sahne).

Zwischenmahlzeiten

Möchten Sie einmal etwas Besonderes probieren, essen Sie gebackenen Camembert mit

Toast und Erdbeermarmelade *(ristet franskbrød med friturestegt camembert og jordbærsyltetøj).*

Im Universitätsviertel ißt man gut und preiswert Gulasch, Eintopf, Huhn oder auch lange *håndmadder*, meist drei dünne, verschieden belegte *smørrebrød.* An den zahlreichen Würstchenständen *(pølsevogn)* gibt es die rötlichen dänischen Würstchen *(pølse)* mit verschiedenen Senfarten und anderen pikanten Beigaben.

Die zarten, köstlichen dänischen Backwaren heißen *wienerbrød* und sind in jeder *konditori* zu haben.

Getränke

Das dänische Bier ist in verschiedenen Stärken und Geschmacksrichtungen zu haben, von *lys pilsner* (leichtes Pils) mit nur 2% Alkohol über das normale *pilsner* in den grünen Flaschen bis zu Stark- und Spezialbieren (wie z. B. *elefantøl*), die 6–7% oder mehr Alkohol haben. *Pilsner* bekommen Sie überall, im Café zum drei- oder vierfachen Preis wie im Laden. Faßbier *(fadøl)* ist seltener und etwas billiger.

Aquavit *(akvavit)*, der anregende dänische Kartoffelschnaps mit Kümmelgeschmack, wird zu Beginn der Mahlzeit zu Fisch oder *smørrebrød* getrunken und oft später noch einmal zum Käse. Einen Kater zu vertreiben, hilft der Magenbitter *Gammel Dansk*. Wenn Sie Aquavit zum Essen bestellen, können Sie sich oft selbst nachschenken, müssen aber natürlich jedes Glas bezahlen.

Wein wird ausnahmslos importiert und ist in den Restaurants teuer. Sogar ein einfacher offener Wein *(husets vin)* kostet hier dreimal so viel wie im Supermarkt. So bleiben Bier und *akvavit* die Nationalgetränke.

Probieren Sie nach dem Essen ein Gläschen von Dänemarks berühmtem Kirschlikör *Cherry Heering*.

Alkoholfreie Getränke

Mehr und mehr getrunken wird ein alkoholfreies Bier, das nicht nur wie »richtiges« aussieht und schmeckt, sondern auch so viel kostet.

Der Kaffee *(kaffe)* ist gut und wird stets mit frischer Sahne serviert. Der Preis erscheint hoch, dafür können Sie sich vom Kellner nachschenken lassen.

An einem kühlen Tag wärmt heißer Kakao mit Schlagsahne *(varm kakao med flødeskum)* wieder auf.

> **Skal!... und tak!**
> Lernen Sie, *skål* zu sagen, wenn Sie Ihr Bier oder Ihren Aquavit trinken, und zwar mit einem langen offenen o. *Skål* ist mehr als »Prost«, es ist ein Ritual. Meist ist es der Gastgeber, der zuerst sein Glas erhebt, es jedem in der Runde entgegenhält, ihn dabei anschaut und *skål* sagt. Nachdem alle einen Schluck getrunken haben, folgt wieder ein Blick in die Augen mit erhobenem Glas, das erst dann auf den Tisch zurückgestellt wird.
>
> Nach der Mahlzeit ist es unbedingt notwendig zu sagen: *tak for mad*. Denn das bedeutet nicht nur »Danke für die Mahlzeit«, sondern ist Ausdruck von Sympathie und Anerkennung für den Gastgeber.

Lernen Sie auf dänisch bestellen...

Können wir einen Tisch haben?	**Må vi få et bord?**		
Haben Sie ein Tagesmenu?	**Har De en dagens ret?**		
Ich möchte gern...	**Jeg vil gerne have...**		

Bier	**en øl**	Pfeffer	**peber**
Brot	**brød**	Salat	**en salat**
Eis	**is**	Salz	**salt**
Fisch	**fisk**	Senf	**sennep**
Fleisch	**kød**	Serviette	**en serviet**
Gemüse	**grønsager**	Speisekarte	**et spisekort**
Glas	**et glas**	Suppe	**suppe**
Kaffee	**kaffe**	Tee	**te**
Kartoffeln	**kartofler**	Wasser (eisgekühlt)	**(is)vand**
Milch	**mælk**		
Nachtisch	**en dessert**	Wein	**win**

...und die Speisekarte lesen

agurkesalat	Gurkensalat	**lever**	Leber
blomkal	Blumenkohl	**løg**	Zwiebel
champignon	Pilze	**medisterpølse**	Schweinswürstchen
citron	Zitrone		
flæskesteg	Schweinebraten	**mørbradbøf**	gebratenes Schweinefilet
frikadelle	Frikadelle	**nyrer**	Nieren
grøn peber	grüner Pfeffer	**oksekød**	Rindfleisch
grønne bønner	grüne Bohnen	**ost**	Käse
gulerødder	Karotten, Möhren	**pommes frites**	Pommes frites
		porre	Porree
hamburgerryg	Schweinelendchen	**rejer**	Krabben
		rødkål	Rotkohl
hindbær	Himbeeren	**sild**	Hering
jordbær	Erdbeeren	**selleri**	Sellerie
kalvekød	Kalbfleisch	**skinke**	Schinken
kartoffelmos	Kartoffelbrei	**svinekød**	Schweinefleisch
kirsebær	Kirschen	**søtunge**	Seezunge
kotelet	Kotelett	**æble**	Apfel
kylling	Hühnchen	**æg**	Ei
kål	Kohl	**æggekage**	Omelett
lagkage	Torte	**ørred**	Forelle
laks	Lachs	**ål**	Aal

BERLITZ-INFO

Reiseweg

MIT DEM FLUGZEUG

Von nahezu allen mitteleuropäischen Flughäfen aus wird Kopenhagen direkt angeflogen. Es gelten die üblichen Ermäßigungen.

Städteflüge gibt es für 3, 4, 5 und 8 Tage; sie können meist verlängert werden. Sie sind jedoch an feste Flugdaten gebunden und müssen frühzeitig buchen.

MIT DER BAHN

In vielen größeren Städten werden direkte Kurswagen nach Kopenhagen eingesetzt. Das Übersetzen mit der Fähre ist für die Reisenden mit keinerlei Problemen verbunden. Ein Platz im Schlaf- oder Liegewagen sollte, vor allem während der Hauptreisezeit, frühzeitig vorbestellt werden. Unter den verschiedensten Voraussetzungen werden Bahnreisenden heute Ermäßigungen gewährt. Genaue Auskünfte erhalten Sie an jedem größeren Bahnhof.

MIT DEM AUTO

Ganzjährige Fährverbindungen nach Kopenhagen: Puttgarden–Rødby *(Vogelfluglinie),* Travemünde–Gedser, Travemünde–Kopenhagen. Die Fahrzeiten betragen von Puttgarden 1 Std., von Travemünde bis Gedser 3 Std. 15 Min., bis Kopenhagen 8-9 Std.

Nur Sommerhalbjahr: Kiel–Korsør/Seeland (4 Std. 15 Min.). Siehe auch AUTOFÄHREN.

Bei den Preisen für die Fähren sollten Sie übrigens auch auf die verschiedenen Tarife achten, denn mittlerweile hat sich in diesem Bereich ebenfalls eine Art »grauer Markt« entwickelt.

Autoreisezüge nach Hamburg von Lörrach bzw. Karlsruhe, Sonthofen, München und Villach erleichtern die Anreise aus dem Süden.

Die Entfernungen nach Kopenhagen betragen bei günstigster Verbindung von Hamburg rund 300 km, von Frankfurt am Main 800 km, von Wien 1000 km, von München 1100 km, von Zürich 1200 km.

Reisezeit

Für die Besichtigung von Kopenhagen und Umgebung sind die Monate Mai und September ideal. Wer gerne baden will, darf selbst im Hochsommer eine Wassertemperatur von höchstens 20 °C erwarten.

Mit kurzen Regenschauern und ständigem leichtem Wind müssen Sie in Dänemark das ganze Jahr über rechnen.

Man mißt in Kopenhagen folgende Durchschnittstemperaturen:

	J	F	M	A	M	J	J	A	S	O	N	D
Lufttemperatur, °C	0,5	0	2	6	11	16	17	16	13	9	5	2

Mit soviel müssen Sie rechnen

Damit Sie einen Eindruck davon erhalten, mit wieviel Sie zu rechnen haben, geben wir hier einige Richtpreise in dänischen Kronen (dkr) an. Beachten Sie, daß es sich um ungefähre Angaben handelt.

Autovermietung. *Ford Escort 1.3* dkr 360 pro Tag, dkr 4 pro km. *VW-Minibus* (9sitzig) dkr 830 pro Tag, dkr 8.20 pro km, dkr 9969 pro Woche mit unbeschränkter km-Zahl.

Babysitter. Dkr 25 pro Stunde zuzüglich dkr 25 Vermittlungsgebühr sowie Transportkosten.

Camping. Camping-Paß für Touristen dkr 50 pro Familie, dkr 35 pro Person und Nacht, Kinder zahlen die Hälfte.

Essen und Trinken (in Mittelklasse-Restaurant). Mittagessen dkr 60, Abendessen dkr 150, Sandwich *(smørrebrød)* dkr 20, Kaffee dkr 10, Aquavit dkr 25, Bier dkr 17, alkoholfreie Getränke dkr 10.

Fahrradverleih. Dkr 40 pro Tag, dkr 180 pro Woche, Einsatz dkr 100–200.

Flughafenverbindung. Bus zum Hauptbahnhof dkr 26, Taxi 100 (Trinkgeld inbegriffen).

Friseur. *Damen:* Haarschnitt dkr 200, Waschen und Legen dkr 220, Dauerwelle dkr 250, Tönen/Färben dkr 210. *Herren:* Haarschnitt dkr 200.

Hotels. Luxusklasse dkr 1600, Mittelklasse dkr 900, Sparklasse dkr 600. Die Preise gelten für Doppelzimmer.

Kopenhagen-Karte. Fahrkarte für einen Tag dkr 105, für zwei Tage dkr 170, für drei Tage dkr 215. Kinder zwischen fünf und zwölf Jahren zahlen die Hälfte.

Lebensmittel. Brot dkr 12, 250 g Butter dkr 10.50, sechs Eier dkr 10, ½ kg Beefsteak dkr 60, 500 g Kaffee dkr 30, Flasche Bier dkr 7, alkoholfreies Getränk dkr 3.50.

Öffentliche Verkehrsmittel. Fahrschein *(grundbillet)* für einfache Bus- oder S-Bahn-Fahrt dkr 8, 10-Fahrten-Karte *(rabatkort):* gelbe dkr 70, grüne dkr 125, graue dkr 190.

Taxi. Grundgebühr etwa dkr 12 plus etwa dkr 7 pro km (Trinkgeld inbegriffen).

Unterhaltung. Kino dkr 50, Ballettkarten dkr 40–230, Nachtclub-Preise variieren beträchtlich. Tivoli: Erwachsene dkr 28, Kinder die Hälfte.

Zigaretten. Etwa dkr 26 für das 20er-Päckchen.

Praktische Hinweise von A bis Z

> Die dänische Übersetzung der Stichwörter (meist in der Einzahl) und die Redewendungen werden Ihnen nützlich sein, wenn Sie jemanden um Auskunft oder Hilfe bitten wollen.
> Einige Preisbeispiele finden Sie auf S. 104.

ANHALTER. Sie können ruhig den Daumen hochhalten *(rejse på tommelfingeren).* Es ist in Dänemark durchaus üblich, per Anhalter zu fahren, und Sie werden nicht sehr lange warten müssen.

Können Sie mich nach... mitnehmen? **Må jeg køre med til...?**

ÄRZTLICHE HILFE. Siehe auch NOTFÄLLE. Alle Ausländer mit zeitlich begrenztem Aufenthalt haben im Falle plötzlicher Krankheit oder unerwarteter Verschlimmerung eines chronischen Leidens Anspruch auf kostenlose Behandlung in dänischen Krankenhäusern und Unfallstationen. Voraussetzung ist, daß die Einreise nicht zum Zweck einer solchen Behandlung erfolgt ist, und daß ein Transport in den Heimatort nicht zumutbar ist. Der Rücktransport geschieht auf eigene Kosten.

Die staatliche Krankenversicherung betrifft zugleich alle Arbeitnehmer und Rentner aus EG-Ländern sowie deren Familien während eines vorübergehenden Aufenthaltes in Dänemark im Falle plötzlicher Erkrankung, die umgehenden Beistand erfordert. Die Mehrzahl der Bundesdeutschen haben somit ein Anrecht auf Rückerstattung von Arzt-, Zahnarzt- und Medikamentenkosten in dem gleichen, ansehnlichen Umfang wie die Dänen selbst, Bürger aus Österreich und der Schweiz jedoch nicht. Wer nicht von der staatlichen Krankenversicherung erfaßt wird, oder wer die Versicherung für unzulänglich hält, sollte eine Reiseversicherung abschließen.

Das EG-Formular E-111, das die heimatliche Krankenkasse abgibt, muß bei Medikamentenkäufen vorgezeigt werden. Die Apotheken werden dann nur einen Teil desjenigen Betrages verlangen, den die Krankenversicherung nicht deckt. Ärzte sind berechtigt, ihr volles

A Honorar in bar zu kassieren, und man ersuche dann das nächste Gemeinde- oder Krankenversicherungsbüro um Rückerstattung. Die Fremdenverkehrsämter können Ihnen die betreffende Behörde nennen. Die Rückerstattung muß vor dem Verlassen Dänemarks beantragt werden. Falls die Zeit dies nicht erlaubt oder der erforderliche Anspruchsschein fehlt, muß man sich nach der Rückkehr mit seiner Krankenkasse in Verbindung setzen.

Medikamente kann man nur in Apotheken *(apotek)* kaufen, und die Rezeptvorschriften sind strenger als in vielen anderen Ländern. Die regulären Öffnungszeiten sind von 9 bis 17.30 Uhr. Die Steno-Apotheke, Vesterbrogade 6 C, Tel. 33 14 82 66, hat die ganze Nacht über geöffnet.

Ich brauche einen Arzt/ Zahnarzt.	**Jeg har brug for en læge/ tandlæge.**

AUTOFAHREN IN DÄNEMARK. Nötig sind:
- Gültiger Führerschein
- Kraftfahrzeugzulassung

Die grüne Versicherungskarte ist nicht mehr notwendig. Das Nationalitätskennzeichen muß gut sichtbar am Wagenheck angebracht sein. Vorgeschrieben sind auch ein Leuchtwarndreieck im Wagen und Sicherheitsgurte (sowie deren Gebrauch). Das Abblendlicht muß auch bei Tag eingeschaltet werden. Fahrer und Beifahrer von Motorrädern, Mopeds und Motorrollern müssen Sturzhelme tragen.

Straßenverkehr: In Dänemark wird rechts gefahren und links überholt. Theoretisch gilt rechts vor links, praktisch kommt dies kaum noch vor, da die meisten Kreuzungen mit Verkehrszeichen oder Ampeln versehen sind. Im Kreisverkehr hat der von rechts Kommende Vorfahrt.

Die Dänen sind im allgemeinen disziplinierte Fahrer und erwarten das gleiche von Ihnen. Zeigen Sie deutlich an, wenn Sie die Fahrbahn wechseln. Wiederholter Fahrbahnwechsel ohne Grund ist strafbar.

Fußgängerüberwege sind unbedingt zu respektieren und fast durchweg mit Ampeln versehen. Beim Einbiegen an Ampeln müssen Sie die Fußgänger unbedingt zuerst die Straße überqueren lassen; ebenso müssen Sie die geradeaus fahrenden Radler respektieren, bevor Sie einbiegen.

Busse, die von einer Haltestelle losfahren, haben Vorfahrt. Geben Sie vor allem acht auf Rad- oder Mopedfahrer, die rechts von Ihnen fahren. Oft ist der Radweg *(cykelsti)* nur durch einen weißen Streifen markiert, den Sie nicht überfahren dürfen.

Geschwindigkeitsbegrenzung: Auf Schnellstraßen und Autobahnen *(motorvej)* darf nicht schneller als 100 km/h gefahren werden. Auf anderen Straßen beträgt die Höchstgeschwindigkeit 80 km/h und in geschlossenen Ortschaften 50 km/h. Mit einem Wohnwagenanhänger dürfen Sie 70 km/h nicht überschreiten. Wenn Sie zu schnell fahren und dabei erwischt werden, müssen Sie sich auf eine Geldbuße gefaßt machen, die an Ort und Stelle kassiert wird.

Parken: Verkehrsüberwacher in grauer Uniform (und Polizisten) halten intensiv Ausschau nach Autofahrern, die im Haltverbot *(stopforbud)* oder Parkverbot *(parkering forbudt)* stehen. Manchmal stecken Sie nur eine Warnung an die Windschutzscheibe, aber oft ist es auch eine gebührenpflichtige Verwarnung. Ein Wagen, der in zweiter Reihe oder grob verkehrsbehindernd parkt, wird abgeschleppt, und man muß außer einer Buße auch noch die Abschleppgebühr zahlen. Kontrolliert wird anhand der Parkscheibe *(P-skive* oder *parkeringsskive)*, die Sie kostenlos bei der Polizei, Tankstellen, Postämtern und Banken bekommen. Das Halten und Parken an Kreuzungen, Radwegeinmündungen und Fußgängerüberwegen ist im 5-m-Bereich verboten. *Datostop* und *Datoparkering* bedeutet, daß Parken nur auf einer Straßenseite erlaubt ist – auf der Seite der geraden Hausnummern an geraden Tagen, auf jener der ungeraden an ungeraden Tagen. Für Parkuhren brauchen Sie 1-, 5- und 10-Kronen-Münzen. Geparkte Wagen müssen immer abgeriegelt sein.

Alkohol am Steuer: Mit mehr als 0,8‰ Alkohol im Blut können Sie sich auf eine gepfefferte Geldstrafe gefaßt machen. Sie verlieren außerdem Ihren Führerschein auf ein Jahr und werden unter Umständen zu einer leichten Gefängnisstrafe verurteilt.

Pannen: Wenn Sie eine Panne haben, rufen Sie FALCK, den staatlichen Pannen- und Abschleppdienst, an, der in Kopenhagen unter der Nummer 33 14 22 22 Tag und Nacht dienstbereit ist. Mitglieder des ADAC, ÖADC und TCS bzw. ACS mit Auslandschutzbrief erhalten kostenlose Pannenhilfe. Beachten Sie, daß die Mehrwertsteuer (MOMS) zur Reparaturrechnung hinzukommt.

Benzin und Öl: Es gibt sehr viele Tankstellen, und man erhält die meisten der international bekannten Benzinmarken, allerdings zu hohen Preisen. An den Tankstellen mit Selbstbedienung können Sie ein paar Öre pro Liter sparen. Sie nennen sich entweder *selvbetjening, tank selv* oder *self service*. Erkundigen Sie sich vor der Abfahrt bei einem Automobilklub, ob und wo Sie – falls erforderlich – bleifreien Kraftstoff für Ihr Katalysator-Auto bekommen.

A

Verkehrszeichen: Die meisten Verkehrszeichen entsprechen den international bekannten. Doch gibt es auch folgende mit dänischer Aufschrift:

Blind vej	Sackgasse
Fare	Gefahr
Fodgængere	Fußgänger
Indkørsel forbudt	Durchfahrt verboten
Omkørsel	Umleitung
Rabatten er blød	Seitenstreifen nicht befahrbar
Udkørsel	Ausfahrt
Ujævn vej	Schlechte Wegstrecke
Vejarbejde	Straßenarbeiten
Führerschein	**førerbevis**
KFZ-Papiere	**registreringsattest**
Kann ich hier parken?	**Må jeg parkere her?**
Sind wir auf der richtigen Straße nach...?	**Er dette vejen til...?**
Bitte volltanken.	**Vær venlig at fylde op med...**
Normal/Super/Bleifrei	**almindelig/super/blyfri**
Kontrollieren Sie bitte das Öl/die Reifen/die Batterie.	**Vær venlig at kontrollere olien/dækkene/batteriet.**
Ich habe eine Panne.	**Vognen er gået i stykker.**
Es ist ein Unfall passiert.	**Der er sket en ulykke.**

AUTOFÄHREN. In Dänemark, einem Land, das aus vielen Inseln besteht, sind Autofähren ein alltäglicher Anblick. Obwohl man großartige Brücken gebaut hat, um die Inseln miteinander zu verbinden, kann man viele Orte auch heute nur mit dem Schiff erreichen. Aber Sie werden überrascht sein über die hervorragenden Fährverbindungen zu den Inselhäfen und nach Jütland. Sämtliche größeren Linien nehmen Autos mit. Genaue Fahrpläne mit Preisen und Beförderungsbedingungen erhalten Sie beim Dänischen Fremdenverkehrsamt. Die Preise richten sich nach Gewicht und Länge des Wagens und schließen manchmal die Insassen oder zumindest den Fahrer ein. Es ist ratsam, wenigstens einen Tag im voraus zu buchen, hauptsächlich für innerdänische Verbindungen. Die Dänen tun es selbst auch, vor allem im Sommer, wenn die Fähren gut besetzt sind. Spätestens 30 Minuten vor Abfahrt sollte man am Hafen sein, sonst wird die Vorbestellung womöglich nicht berücksichtigt.

AUTOVERMIETUNG *(biludlejning).* Am Flughafen Kopenhagen sind einige Mietwagenfirmen vertreten, und in der Hauptstadt finden Sie alle internationalen Agenturen. Die Adressen stehen im Branchentelefonbuch *(Fagbog),* Spalte V: *Autoudlejning,* und in einer Liste, die Sie beim Fremdenverkehrsamt erhalten.

Um einen Wagen zu mieten, müssen Sie einen gültigen Führerschein vorweisen und mindestens 20 (bei einigen Firmen auch 25) Jahre alt sein. Auch Ihren Reisepaß sollten Sie dabeihaben, aber nicht der Firma hinterlegen. Die meisten Agenturen verlangen eine Kaution in Höhe der erwarteten Mietsumme. Kreditkarten werden angenommen. Siehe auch S. 104.

Ich möchte ein Auto mieten.	**Jeg vil gerne leje en bil.**
heute/morgen	**i dag/i morgen**
für einen Tag/eine Woche	**for en dag/en uge**

BABYSITTER. In den meisten Fällen wird Ihnen Ihr Hotel oder das nächste Reisebüro einen Babysitter vermitteln. Sie können auch selbst im Branchentelefonbuch *(Fagbog)* unter dem Stichwort *Babysitters* nachschlagen. Durchschnittspreise siehe S. 104.

BANKEN und WECHSELSTUBEN *(bank; vekselkontor).* In Kopenhagen sind alle Banken von Montag bis Freitag von 9.30 bis 16 Uhr geöffnet. Donnerstags schließen sie erst um 18 Uhr. In der Provinz sind die Öffnungszeiten von Stadt zu Stadt verschieden. Die Wechselschalter im Hauptbahnhof arbeiten an allen Wochentagen von 7 bis 21 Uhr, und die Wechselstube am Eingang des Tivoliparks am H.C. Andersens Boulevard ist während der Hauptsaison (1. Mai bis Mitte September) von 12 bis 23 Uhr geöffnet. Sie können auch ausnahmsweise in den meisten größeren Hotels Geld eintauschen, doch bekommen Sie in Banken, Wechselstuben und Reisebüros einen besseren Kurs. Siehe auch Kreditkarten.

Ich möchte D-Mark/Schweizer Franken/österreichische Schillinge wechseln.	**Jeg vil gerne veksle nogle D-Mark/ schweizerfrancs/østrigske schilling.**

BEKANNTSCHAFTEN. Viele Dänen sprechen Deutsch, und es ist nicht schwer, mit ihnen ins Gespräch zu kommen, ja, sie sind zwangloser und aufgeschlossener als alle anderen Bewohner Skandinaviens Zur Begrüßung und beim Abschied reicht man sich die Hand und sagt *goddag* oder *farvel.*

B   **BOTSCHAFTEN** siehe **KONSULATE**

C   **CAMPING** *(camping)*. Mehr als 500 Campingplätze – 8 davon kaum weiter als 15 km vom Zentrum Kopenhagens entfernt – sind vom Dänischen Campingverband genehmigt. Das bedeutet, daß sie regelmäßig auf Sauberkeit und Ordnung geprüft werden. Es gibt Plätze aller Kategorien und mit allem möglichen Komfort, angefangen von Trinkwasser bis zu Einkaufsläden und angestellten Platzwächtern. Wenn Sie keinen Internationalen Campingausweis haben, können Sie am ersten Zeltplatz einen Campingpaß erwerben, der für den Rest des Jahres gültig ist. Das Zelten auf Privatgrund erfordert die Erlaubnis des Eigentümers.

Kaufen Sie sich bei Campingrådet, Olof Palmesgade 10, 2100 Kopenhagen Ø (Tel.: 31 42 32 22), ein Verzeichnis aller Campingplätze in Dänemark oder besorgen Sie sich bereits vorher beim Dänischen Fremdenverkehrsamt Ihres Landes (siehe FREMDENVERKEHRSÄMTER) eine der ausgezeichneten kostenlosen Broschüren über Camping, Jugendherbergen und Studentenhotels.

Beachten Sie, daß in Dänemark für Wohnwagen eine Höchstgeschwindigkeit von 70 km/h vorgeschrieben ist.

Haben Sie Platz für ein Zelt/ einen Wohnwagen?	**Har De plads til et telt/ en campingvogn?**

COIFFEUR siehe **FRISEUR**

D   **DIEBSTAHL und VERBRECHEN.** Kopenhagen zählt noch immer zu den Großstädten, durch die man (mehr oder weniger) unbehelligt bummeln kann, aber so ganz mit rechten Dingen geht es auch hier nicht mehr zu. Taschendiebe machen sich breit, kleine Verbrechen nehmen zu. Aber drehen Sie nicht gleich durch. Behalten Sie Ihre Sachen – wie überall – im Auge. Und durch die finsteren Viertel brauchen Sie nach Einbruch der Dunkelheit ja nicht unbedingt allein zu schlendern. Christiania sollten Sie allerdings zu jeder Tageszeit meiden. Wo Sie sich auch nachts ungefährdet bewegen können, weiß man sicherlich am Hotelempfang.

110   **DOLMETSCHER** siehe **FREMDENFÜHRER**

DROGEN *(narkotika)*. Der Besitz von Drogen in jeder Form ist streng verboten; selbst wer leichtes Rauschgift kauft oder verkauft, wird festgenommen. Der Besitz von harten Drogen wird in jedem Fall mit Gefängnis bestraft, und die sonst sehr zuvorkommende Polizei ist in dieser Beziehung unerbittlich.

EISENBAHN *(tog)*. Das Netz der Dänischen Staatsbahnen ist leistungsfähig und pünktlich. Einer seiner Mittelpunkte ist der Hauptbahnhof von Kopenhagen, auf dem täglich etwa 1200 Zugbewegungen stattfinden.

Die S-Bahn, die die City mit den Außenbezirken verbindet, verkehrt vorwiegend im 20-Minuten-Takt. Siehe auch ÖFFENTLICHE VERKEHRSMITTEL.

Die Verbindung mit den anderen Teilen Seelands geschieht durch eine Küstenbahn, die mit Dieselzügen befahren wird *(Kystbanerne)*.

Die Intercity-Züge sind das Rückgrat der Dänischen Staatsbahnen *(DSB – Danske Statsbaner)*; sie verkehren zum Beispiel zwischen Kopenhagen und Jütland alle Stunden, wobei der ganze Zug mit der Fähre über den Großen Belt nach der Insel Fünen gebracht wird (Platzkarten erforderlich, Vorbestellung beim Hauptbahnhof, Tel. 33 14 17 01).

Auch »Blitzzüge« *(Lyntog)* verkehren auf der Jütland-Strecke. Sie fahren bis 140 km/h und haben wie die Intercity-Züge Büfettwagen und Zugtelefon (Platzkarten erforderlich).

Internationale Züge (z.B. der »Merkur«, Stuttgart–Kopenhagen in 13 Stunden) verbinden Kopenhagen mit den Großstädten Europas.

FAHRRADVERLEIH *(cykeludlejning)*. Volkssport und Freizeitvergnügen aller Dänen ist das Radeln durch Wald und Feld auf kleinen Nebenstraßen, ein Genuß, den Sie sich nicht entgehen lassen sollten. Bei den Fremdenverkehrsämtern erfahren Sie, wo Sie ein Fahrrad ausleihen können. In Kopenhagen gehen Sie direkt zum Fahrradverleih »Københavns Cykelbørs« in der Nørre Farimagsgade 69; Tel. 33 14 07 17. Von April bis Oktober kann man auch an vielen Bahnhöfen Räder ausleihen. Die nächsten Bahnhöfe in der Umgebung von Kopenhagen sind Klampenborg, Lyngby, Hillerød und Helsingør. Vorausbestellung beim Hauptbahnhof unter der Telefonnummer 33 14 17 01 ist auf jeden Fall ratsam. Sie können gegen Entrichten der üblichen Frachtgebühr das Fahrrad an jedem beliebigen dänischen Bahnhof wieder abliefern.

Möchten Sie an einer organisierten Radtour oder Radwanderung teilnehmen? Die Buchung übernimmt Ihr Reisebüro oder ein Veran-

F stalter in Dänemark. Man fährt etwa 40 bis 50 km pro Tag und übernachtet in Jugendherbergen, Landgasthöfen *(kro)* oder Hotels. Alles über diese Touren können Sie aus dem Prospekt *Cycling Holidays in Denmark* erfahren, den das Dänische Fremdenverkehrsamt kostenlos verteilt. Beim Mieten eines Fahrrads müssen stets Paß oder Personalausweis vorgelegt werden. Übrigens reist Ihr »Drahtesel« in Dänemark kostenlos als Reisegepäck mit, wenn Sie ihn von daheim mitbringen wollen.

Ich möchte ein Fahrrad mieten.   **Jeg vil gerne leje en cykel.**

FEIERTAGE *(fest-/helligdag).* Zwar haben in Dänemark die Banken, Büros und größeren Geschäfte an öffentlichen Feiertagen geschlossen, doch die Museen und andere touristische Anziehungspunkte sind geöffnet, etwa zu den gleichen Zeiten wie an Sonntagen. In den Cafés herrscht normaler Betrieb.

1. Januar	*Nytår*	Neujahr
5. Juni	*Grundlovsdag*	Verfassungstag (nachmittags)
25./26. Dezember	*Jul*	Weihnachten
Bewegliche Feiertage:	*Skærtorsdag*	Gründonnerstag
	Langfredag	Karfreitag
	Anden påskedag	Ostermontag
	Bededag	Bettag (4. Freitag nach Ostern)
	Kristi himmelfartsdag	Himmelfahrt
	Anden pinsedag	Pfingstmontag

Haben Sie morgen geöffnet?   **Har De åbent i morgen?**

FLUGHAFEN *(lufthavn).* Der Flughafen von Kopenhagen, nur 10 km vom Stadtzentrum entfernt, ist ein wichtiger Knotenpunkt des internationalen Luftverkehrs. Er wird von etwa 40 Fluggesellschaften regelmäßig angeflogen. Die innerdänischen Verbindungen, die auch Jütland, Fünen und Bornholm einbeziehen, bieten zahlreiche günstige Möglichkeiten für ausländische Besucher.

Zwischen Flugplatz und Stadtzentrum (Hauptbahnhof) gibt es eine Busverbindung (Fahrzeit 30 Minuten). Andere Busse fahren zum Hafen Dragør südlich vom Flughafen, wo die Fähre nach Limhamn in Südschweden ablegt, und eine dritte Linie führt in die Innerstadt zu den Anlegestellen der Tragflügelboote nach Malmö. Gepäckträger und Kofferkulis stehen ausreichend zur Verfügung. Auch Taxis gibt es reichlich.

Die Einkaufsmöglichkeiten im Kopenhagener Flughafen sind reichhaltig. Es gibt Duty-free-Shops mit Selbstbedienung und eine Reihe von Boutiquen, Kunstgewerbe- und Andenkenläden, die auch Souvenirs aus Grönland anbieten. Post, Bank, ein Wickelzimmer für Babies, Herren- und Damenfriseur, Duschkabinen und Ruheräume sind ebenfalls vorhanden, und nicht zuletzt dänische Delikatessengeschäfte, Restaurants und eine große Snackbar, wo Sie zum Abschluß Ihrer Reise noch einmal im Genuß von *smørrebrød* und *wienerbrød* schwelgen können.

| Wo fährt der Bus nach...? | **Hvorfra afgår bussen til...?** |

FOTOGRAFIEREN. Filme sind kaum teurer als zu Hause. Sie werden schnell und ausgezeichnet entwickelt. In den Fotogeschäften der Innenstadt erhalten Sie die Abzüge oft schon in einer Stunde.

Kann ich einen Film für diese Kamera haben?	**Jeg vil gerne have en film til dette apparat.**
einen Schwarzweißfilm	**en sort-hvid film**
einen Farbfilm	**en farvefilm**
einen Diafilm	**en film til lysbilleder**
Wie lange dauert es, diesen Film zu entwickeln (und zu kopieren?)	**Hvor lang tid tager det at fremkalde (og kopiere) denne film?**
Darf ich fotografieren?	**Må jeg tage et billede?**

FREMDENFÜHRER und DOLMETSCHER *(guide; tolk)*. Die Stadtrundfahrten per Bus und gelegentlich auch die Kanalrundfahrten werden von sprachkundigen Fremdenführern begleitet. Wenn Sie einen eigenen Führer oder Dolmetscher brauchen, rufen Sie das Fremdenverkehrsamt unter der Nummer 33 11 13 25 an.

FREMDENVERKEHRSÄMTER *(turistinformation)*. Der Dänische Fremdenverkehrsrat ist eine der entgegenkommendsten Touristik-Organisationen der Welt und versorgt Sie gern mit Informationen und Broschüren. Hier die Anschriften im deutschsprachigen Raum:

F **Bundesrepublik Deutschland:** Glockengießerwall 2, 2000 Hamburg 1; Tel. (040) 32 78 03. Immermannstr. 56, 4000 Düsseldorf; Tel. (0211) 35 81 03. Sonnenstr. 27, 8000 München; Tel. (089) 55 52 02.

Österreich und Schweiz: Das Hamburger Büro ist auch für die Schweiz und Österreich zuständig.

Fast alle dänischen Städte haben ihr Fremdenverkehrsbüro, das an dem großen **i** auf grünem Hintergrund erkennbar ist. Das Zentralbüro ist in Kopenhagen: H.C. Andersens Boulevard 22, 1553 Kopenhagen V; Tel. 33 11 13 25.

Wo ist das Fremdenverkehrsamt?	**Hvor ligger turistbureauet?**

FRISEUR *(frisørsalon)*. Die Preise sind sehr unterschiedlich, je nach Lage und Qualität des Salons. Die meisten größeren Hotels haben ihren eigenen Friseursalon; wenn nicht, kann man Ihnen an der Rezeption einen empfehlen. Trinkgeld wird nicht erwartet.

Haarschnitt	**klipning**
Waschen und Legen	**vask og vandondulation**
Waschen und Fönen	**vask og føntørring**
Dauerwelle	**permanent**
Tönen/Färben	**toning/farvning**

FUNDSACHEN *(hittegods)*. Das Haupt-Fundbüro *(hittegodskontor)* befindet sich im Polizeirevier Carl Jacobsens Vej 20 und ist von Montag bis Freitag von 10 bis 15 Uhr geöffnet (Donnerstag bis 17 Uhr). Wenn Sie etwas in einem Autobus verloren haben, gehen Sie zum Fundbüro im Rathaus, das von Montag bis Freitag von 6 bis 18 Uhr und Samstag von 10 bis 14 Uhr offen hat, oder rufen Sie die Nummer 33 14 74 48 an. Nach Gegenständen, die im Zug liegengeblieben sind, kann man sich Montag bis Freitag von 10 bis 18 Uhr am Hauptbahnhof erkundigen.

G **GELD.** Währungseinheit in Dänemark ist die dänische Krone *(krone),* in Dänemark abgekürzt kr., im Ausland, um sie von den schwedischen und norwegischen Kronen zu unterscheiden, dkr. Eine Krone wird in 100 Öre *(øre)* aufgeteilt.

Münzen: 25 und 50 øre; 1, 5, 10 und 20 kroner.
Scheine: 20, 50, 100, 500 und 1000 kroner.

GELDWECHSEL siehe **BANKEN**

GOTTESDIENSTE *(gudstjeneste/messe).* Die überwiegende Mehrheit der dänischen Bevölkerung gehört der evangelisch-lutherischen Staatskirche an. Aber Sie können auch einer römisch-katholischen Messe beiwohnen. Erkundigen Sie sich bei den einschlägigen Stellen nach den entsprechenden Kirchen mit Gottesdiensten in deutscher Sprache.

HAUSTIERE. Für jedes Tier muß ein tierärztliches Attest vorliegen, aus dem hervorgeht, daß das Tier mindestens 1 und höchstens 12 Monate vor der Einreise gegen Tollwut geimpft worden ist. Für die Bescheinigung ist ein von den dänischen Behörden anerkanntes Sonderformular erforderlich, das Sie bei der Dänischen Botschaft, beim Dänischen Konsulat oder Fremdenverkehrsamt anfordern können.

In Kopenhagen gibt es mehrere Tierkliniken, die Sie unter *Dyrehospitaler* im Branchentelefonbuch finden; Tierärzte stehen unter *Dyrlæger*. Eine tierärztliche Ambulanz *(dyreambulance)* hat Tag und Nacht Bereitschaftsdienst.

Wenn Ihr Hund gut erzogen ist, dürfen Sie ihn in Hotels mitnehmen. Zum »Gassi-Gehen« müssen Sie sich einen Park suchen, in dem es besondere Hundetoiletten gibt; falls er den Gehsteig beschmutzt, kann es Strafgeld kosten.

HOTELS und ANDERE UNTERKÜNFTE *(hotel; indlogering).* Siehe auch Camping und Jugendherbergen. Das Dänische Fremdenverkehrsamt wird Ihnen gern eine ausführliche Liste aller Hotels und Pensionen überlassen. Es gibt keine Klassifizierung mit Sternen, aber Sie finden auf der Liste angegeben, was die Hotels jeweils bieten (Zimmer mit oder ohne Bad, Restaurant, Anzahl der Betten usw.). Die Preise sind ebenfalls angegeben, doch es empfiehlt sich, beim Reisebüro wegen Preisermäßigung nachzufragen, falls Sie in der Vor- oder Nachsaison reisen. Zu dieser Zeit können die Preise bis zu 50% niedriger sein.

In der Hochsaison wimmelt es in Kopenhagen oft von Touristen, doch die Zimmervermittlung im Kiosk P im Hauptbahnhof findet fast immer für jeden eine Unterkunft. Das Büro ist vom 1. Mai bis 15. September täglich von 9 bis 24 Uhr geöffnet, außerhalb der Saison bis 17 oder 22 Uhr. Man kann hier nur persönlich nach der Ankunft ein Zimmer bestellen.

Die Preise auf S. 104 sind Durchschnittspreise für Doppelzimmer in der Hochsaison, Bedienung und Steuer inbegriffen. Einzelzimmer kosten,

H wenn überhaupt verfügbar, etwa 30 bis 40% weniger. Die Hotels der Missionen *(missionshotel)* haben mäßige Preise und sind bei reisenden dänischen Familien sehr beliebt. Sie gelten zwar als Temperenzler-Hotels, schenken aber Wein und Bier an Touristen aus. Für Autoreisende gibt es zahlreiche Motels in der Umgebung von Kopenhagen, aber wenn Sie in einem der nahegelegenen Landgasthäuser absteigen, ist der Aufenthalt meist individueller und interessanter. Diese meist kleinen Gasthöfe *(kro)*, die noch aus der Postkutschenzeit stammen, verbinden persönlichen Service mit gesunder Hausmannskost. Zimmer in Pensionen *(pensionat)* und Privatzimmer können Sie ebenfalls durch die Vermittlung am Hauptbahnhof buchen.

Ein herzhaftes dänisches Frühstück ist in der Regel im Preis inbegriffen, außer in den teuersten Hotels.

In Dänemark ist man im allgemeinen nicht gewohnt, Trinkgelder zu geben, doch wird es immer mehr Sitte, persönlichen Service in Hotels mit einem kleinen Trinkgeld zu belohnen. Die meisten Hotelbediensteten sprechen etwas Deutsch.

J **JUGENDHERBERGEN** *(vandrerhjem)*. Kopenhagen ist ein begehrtes Ziel für Rucksackreisende. Allein in der Innenstadt gibt es 9 Jugendherbergen und Studentenhotels – es braucht also keiner auf der Parkbank zu schlafen, was übrigens auch nicht gern gesehen wird. Mit einem internationalen Jugendherbergsausweis können Sie in jedem der Häuser Unterkunft finden. Wenn Sie keinen haben, besorgen Sie sich eine Gästekarte beim dänischen Jugendherbergsverband (Anschrift siehe unten). Bettwäsche kann ausgeliehen werden, Schlafsäcke sind nicht erlaubt. Es werden Gäste jeden Alters aufgenommen. Eine vollständige Liste der rund 80 Jugendherbergen erhalten Sie vom dänischen Fremdenverkehrsamt in Ihrem Heimatland oder Danmarks Vandrerhjem, Vesterbrogade 39, 1620 Kopenhagen V, Tel. 31 31 36 12.

In den Studentenhotels *(ungdomsherberg)* sind die Vorschriften, hinsichtlich der abendlichen Schließungszeit beispielsweise, lockerer.

Mit allen Fragen, die Jugendreisen und -organisationen betreffen, wenden Sie sich an das Jugend-Informationszentrum Huset in der Innenstadt, Rådhusstræde 13, Tel. 33 15 65 18 (siehe auch S. 31). Es ist von Juni bis September täglich von 10 bis 20 Uhr geöffnet, während der übrigen Monate gelten kürzere Öffnungszeiten.

K **KANALFAHRTEN** *(kanaltur)*. Kopenhagen hat zwar nicht so viele Kanäle wie Venedig oder Amsterdam, trotzdem ist die einstündige Kanalrundfahrt bei schönem Wetter ein lohnendes Unternehmen. Die beiden Hauptausgangspunkte sind Gammel Strand und Nyhavn (beim

Kongens Nytorv). Diese Rundfahrten vermitteln Ihnen einen ausgezeichneten Überblick über die Innenstadt und den Hafen. Sie werden vom 1. Mai bis zum 15. September durchgeführt, und bei manchen ist ein Fremdenführer an Bord, der Ihnen die Sehenswürdigkeiten erklärt.

KARTEN. Straßenkarten *(vejkort)* von Dänemark können Sie an Tankstellen oder in Buchhandlungen kaufen. Stadtpläne *(bykort)* von Kopenhagen und anderen Städten bekommen Sie kostenlos in den Fremdenverkehrsämtern oder Hotels. Im Huset (siehe S. 31) gibt es ebenfalls kostenlos einen sehr praktischen Stadtplan mit allen Buslinien und Jugendherbergen. Die städtischen Busbetriebe geben einen *(trafikkort)* mit allen Straßen, Bus- und S-Bahnlinien heraus. Die Karten in diesem Führer wurden vom Falk-Verlag, Hamburg, erstellt, der einen detaillierten Stadtplan von Kopenhagen und eine Straßenkarte Dänemarks veröffentlicht hat.

ein Stadtplan von Kopenhagen	**et bykort over København**
eine Straßenkarte dieser Gegend	**et vejkort over denne egn**

KLIMA und KLEIDUNG. Siehe auch REISEZEIT S. 103. Wenn Sie sich schlicht und sportlich kleiden, sind Sie für fast alle Gelegenheiten passend angezogen, einschließlich Theater und Essen in den meisten Lokalen. Nur in Luxushotels und Klubs wird erwartet, daß die Herren Krawatten tragen, und hier ist für die Damen ein Abendkleid nicht verkehrt. Überall sonst können Sie das tragen, was Sie am liebsten mögen.

Die Sommernächte sind lang und hell und oft kühl, so daß ein Pullover oder eine Strickjacke unentbehrlich sind. Nehmen Sie auch zusätzlich zur üblichen Sommerkleidung einen leichten Mantel oder einen Regenmantel mit, denn das Wetter hat eine launische Art, plötzlich umzuschlagen. Am Strand können Sie so wenig tragen, wie Sie es sich leisten können – »oben ohne« ist bei der weiblichen Jugend fast die Norm.

Im Frühling und Herbst kann es warm und sonnig sein, aber der Winter ist oft grimmig kalt, und Sie brauchen warme Kleidung (trotzdem Regenmantel nicht vergessen). Zu jeder Jahreszeit sind bequeme Schuhe angebracht, wenn Sie auf dem Kopfsteinpflaster der Altstadt nicht müde werden wollen.

KONSULATE *(konsulat).* Sollten Sie ernste Schwierigkeiten haben (Verlust des Passes oder der Reisekasse, schwerer Unfall, Schwierigkeiten mit der Polizei), wenden Sie sich an die Vertretung Ihres Landes.

K **Bundesrepublik Deutschland:** Stockholmsgade 57, 2100 Kopenhagen Ø; Tel. 31 26 16 22.
Österreich: Grønningen 5, 1270 Kopenhagen K; Tel. 33 12 46 23.
Schweiz: Amaliegade 14, 1256 Kopenhagen K; Tel. 33 14 17 96.
Nach den jeweiligen Sprechstunden erkundigen Sie sich am besten vorher telefonisch.

KOPENHAGEN-KARTE. Diese Ermäßigungskarte für Touristen, die einer Kreditkarte ähnelt, bietet unbegrenzte Fahrten auf Bussen und Zügen im Stadtgebiet von Kopenhagen, freien Eintritt zu vielen Museen und Sehenswürdigkeiten sowie die Beförderung bis zum halben Preis auf den Fähren zwischen Seeland und Schweden und auf den Tragflügelbooten zwischen Kopenhagen und Malmö. Die für ein, zwei oder drei Tage gültige Karte ist in Reisebüros und größeren Bahnhöfen in Dänemark und in bestimmten Kopenhagener Hotels erhältlich.

KREDITKARTEN und REISESCHECKS *(kreditkort; rejsecheck).* Die größeren Hotels, viele Restaurants und einige Geschäfte nehmen die üblichen internationalen Kreditkarten an. Auch Reiseschecks werden fast überall akzeptiert, wenn Sie Ihren Paß vorweisen.

Nehmen Sie Reiseschecks?	**Tager De imod rejsecheks?**
Kann ich mit dieser Kreditkarte zahlen?	**Kan jeg betale med dette kreditkort?**

N **NOTFÄLLE.** Die Telefonnummer für alle Notfälle ist 000. Der Anruf von einer öffentlichen Telefonzelle aus ist kostenlos – Sie brauchen keine Münzen. Sobald der Anschluß hergestellt ist, verlangen Sie die Polizei, Feuerwehr oder Ambulanz. Sprechen Sie deutlich (Deutsch wird im allgemeinen verstanden) und geben Sie die Telefonnummer und Ihren Standort an.

Notfalldienst *(skadestue).* Bereitschaft rund um die Uhr, aber nur für Unfälle: Kommunehospitalet, Øster Farimagsgade 5, und Rigshospitalet, Blegdamsvej 9 oder Tagensvej 20, beide im Zentrum von Kopenhagen.

Ärztlicher Notdienst *(lægevagt).* Unter der Nummer 0041 erhalten Sie in Kopenhagen rund um die Uhr Auskunft.

Zahnärztlicher Notdienst: Tandlægevagten, Oslo Plads 14 (kein Telefondienst), ist das ganze Jahr über täglich von 20 bis 21.30 Uhr in Bereitschaft. Samstags sowie an Sonn- und Feiertagen ist zusätzlich von 10 bis 12 Uhr geöffnet. Die Behandlung erfolgt nur gegen Barzahlung.

ÖFFENTLICHE VERKEHRSMITTEL. Ein ausgedehntes Netz häufig verkehrender Busse *(bus)* und S-Bahnen *(S-tog)* nimmt werktags um 5 und sonntags um 6 Uhr den Betrieb auf. Der letzte Zug vom Stadtzentrum fährt um 0.30 Uhr; danach verkehren, räumlich und zeitlich eingeschränkt, noch Busse bis spät in die Nacht. Den Busfahrplan erfragen Sie unter der Telefonnummer 33 95 17 01, den S-Bahn-Fahrplan unter der Nummer 33 14 17 01 (Hauptbahnhof).

Fahrscheine. HT heißt *Hovedstadsområdets Trafikselskab,* Verkehrsgesellschaft der Hauptstadt. Das HT-Gebiet, Stadt und Umgebung bis zu 50 km, ist in Zonen aufgeteilt. Innerhalb einer bestimmten Zeit können Sie mit Ihrem Fahrschein in einer Zone umsteigen oder in eine angrenzende Zone weiterfahren. Die Fahrkarten gelten sowohl für Busse als auch für Züge.

Wenn Sie zunächst einen einfachen Fahrschein *(grundbillet)* für eine bestimmte und die angrenzenden Zonen kaufen, können Sie immer noch nachlösen. Günstiger sind die Zehn-Fahrten-Karten *(rabatkort),* die für verschiedene Zonen gelten: die gelben für drei, die grünen für sechs, die grauen für alle. Diese Karten erhalten Sie an Bahnhöfen oder bei Busfahrern. Kinder unter vier Jahren fahren frei, bis zu zwölf Jahren zum halben Preis.

Lösen Sie Ihren Fahrschein jeweils vorn im Wagen. Vergessen Sie nicht – wegen der Uhrzeit –, im Bus oder an einem der gelben Automaten auf dem Bahnsteig abzustempeln, sonst droht bei einer Kontrolle auf der Stelle eine Geldbuße.

POLIZEI. Alle Abteilungen der Polizei tragen die gleichen schwarzen Uniformen. Die Streifen patrouillieren in Kopenhagen manchmal zu Fuß, meist aber in blau-weißen oder weißen Wagen mit der Aufschrift POLITI. Die Polizisten sind höflich und sprechen Englisch (sie lernen die Sprache während ihrer Ausbildung), die meisten kommen auch mit Deutsch ganz gut zurecht).

Sie können auch ohne weiteres zum örtlichen Polizeirevier gehen und um Rat fragen. Die Rufnummer finden Sie unter *Politi* im Telefonbuch.

Siehe auch NOTFÄLLE.

Wo ist der nächste Polizeiposten?	**Hvor er den nærmeste politistation?**

P **POSTAMT** *(postkontor)*. Die Hauptpost, Tietgensgade 35 (unmittelbar hinter dem Tivoli), ist Montag bis Freitag von 9 bis 19 Uhr, am Samstag von 9 bis 13 Uhr geöffnet und sonntags geschlossen. Das Postamt am Hauptbahnhof ist Montag bis Samstag von 8 bis 23 Uhr, am Sonntag von 8 bis 21 Uhr geöffnet. Außerdem gibt es in Kopenhagen noch viele Bezirkspostämter, die ein rotes Schild tragen, auf dem eine Krone, ein Posthorn und gekreuzte Pfeile in Gelb zu sehen sind und darunter die Aufschrift »Kongelig Post og Telegraf«. Für die Briefmarkenautomaten brauchen Sie in der Regel zwei 1-Krone-Stücke. Wenn Sie Ansichtskarten an Kiosken oder in Souvenirläden kaufen, können Sie gleich die Briefmarken dazu verlangen. Die dänischen Briefkästen sind leuchtend rot gestrichen und machen den gleichen fröhlichen Eindruck wie die Briefträger in roten Uniformen auf gelben Fahrrädern.

Telegramme: Alle Postämter nehmen Telegramme an. Außerhalb der Öffnungszeiten können Sie Ihre Telegramme unter der Nummer 0022 telefonisch aufgeben. Der Beamte spricht meist Englisch oder Deutsch. Wenn Sie ganz sicher gehen wollen, daß jedes Wort richtig aufgenommen wird, gehen Sie lieber persönlich zum Telegrafenamt *(telegrafkontor)* in der Købmagergade 37, das täglich von 9 bis 22 Uhr geöffnet ist. Siehe auch TELEFON.

Postlagernde Sendungen: Wenn Sie Ihre genaue Anschrift vor der Abreise noch nicht kennen, können Sie sich Ihre Briefe postlagernd an die Hauptpost in der Tietgensgade schicken lassen, z.B.:

> Herrn Johannes Müller
> Poste Restante
> Tietgensgade 35
> 1500 Kopenhagen V
> Dänemark

Nehmen Sie zum Abholen immer Ihren Paß oder Personalausweis mit.

Haben Sie Post für mich? **Har De post til mig?**

PREISE. Siehe auch S. 104. Da alle Cafés und Restaurants eine Speisekarte aushängen haben, können Sie sich in jedem Fall vorher über die Preise informieren. Wenn Sie nicht viel ausgeben wollen, essen Sie im Universitätsviertel, und bestellen Sie in keinem Restaurant viele Getränke. Ein *smørrebrød* zum Lunch, das Sie an einem Sandwich-Stand kaufen, ist köstlich, nahrhaft und billig zugleich.

Das Nachtleben ist dagegen teuer. Erkundigen Sie sich am besten an der Rezeption Ihres Hotels über Lokale und Preise, damit Sie keine unangenehme Überraschung erleben.

Die Mehrwertsteuer, MOMS in Dänemark, ist hoch, aber »unauffällig« in allen Rechnungen inbegriffen. Bei größeren Käufen wird sie mitunter auch erlassen.

In Dänemark werden Rechnungen bis zum nächsten durch 25 teilbaren Betrag auf- oder abgerundet, da es keine kleineren Münzen gibt.

RADIO und FERNSEHEN *(radio; fjernsyn).* Der dänische Rundfunk sendet auf drei Kanälen: 1. Programm (90.8 MHz) mit Nachrichten, Kommentaren und klassischer Musik; 2. und 3. Programm (96.5/93.9 MHz) mit Lokalnachrichten, leichter Musik und Unterhaltungssendungen. Nachrichten auf deutsch werden von Mai bis September montags bis freitags um 8.20 Uhr im 3. Programm gesendet.

Fernseh-Hauptsendezeiten sind von 19.30 bis 23.30 Uhr. Alle Filme werden in Originalfassung mit dänischen Untertiteln gezeigt.

REISESCHECKS siehe **KREDITKARTEN**

SPRACHE. Von allen nordeuropäischen Sprachen ist das Dänische vielleicht am schwierigsten auszusprechen. Viele Silben werden tief in der Kehle gesprochen und viele Buchstaben fast verschluckt. So spricht man den Namen der Insel Amager wie *Am-är,* also ganz ohne das »g« aus, dazu auf eine typisch dänische Art, die für den Fremden schwer nachzuahmen ist. Der Buchstabe *d* wird sehr weich gesprochen, fast wie das englische th, aber mit der Zunge hinter den unteren (nicht den oberen) Zähnen. Das dänische ø wird wie unser ö mit deutlich gespitzten Lippen artikuliert, und das *r* sitzt tief im Hals.

Das dänische Alphabet hat drei Buchstaben mehr als das unsere, nämlich æ (wie in »hätte«), ø (wie in »lösen«) und å (wie in »fort«). Sie stehen am Ende des Alphabets, was zu wissen wichtig ist, um im Telefonbuch etwas nachzuschlagen.

Guten Morgen/Guten Tag	**Godmorgen/Goddag**
Guten Abend	**Godaften**
Bitte/Danke	**Vær så venlig/Tak**
Gern geschehen	**Ingen årsag**
Auf Wiedersehen	**Farvel/På gensyn**

DÄNISCH FÜR DIE REISE von Berlitz und das Berlitz Taschenwörterbuch DÄNISCH-DEUTSCH/DEUTSCH-DÄNISCH (mit einer Erläuterung der dänischen Speisekarte) vermitteln Ihnen den für die meisten Situationen ausreichenden Wortschatz. Siehe auch EINIGE NÜTZLICHE AUSDRÜCKE auf S. 125.

S **STADTRUNDFAHRTEN.** *Copenhagen Excursions* und *Vikingbus* veranstalten vom 1. Mai bis 15. September Rundfahrten durch Kopenhagen. Ausgangspunkt ist der Rathausplatz. Besonders interessant sind Fahrten mit Werkstattbesuchen bei führenden Kunstgewerbeherstellern, z.B. von Porzellan und Silber. Diese Exkursionen dauern gewöhnlich 2½ Stunden. Mehrmals wöchentlich finden auch Spaziergänge mit Fremdenführern statt, die Deutsch und Englisch sprechen.

Einzelheiten erfahren Sie bei Reisebüros und an der Hotelrezeption. Siehe auch Kanalrundfahrten.

STROMSPANNUNG. Die übliche Stromspannung ist 220 V; nur auf einigen Campingplätzen gibt es außerdem noch 110 V. Einen Adapter sollten Sie immer in Ihrem Reisegepäck haben.

T **TAXI.** Zwar sieht man eine Menge Wagen mit dem Schild *Taxi* oder *Taxa*, aber bei Regenwetter ist es nicht leicht, ein Taxi zu bekommen. Alle Taxis haben Radioruf. Die Telefonnummer für reguläre Taxis ist 31 35 35 35/31 35 14 20/31 34 32 32, für Minibus-Taxis 31 39 35 35. Das Trinkgeld ist im Taxameterpreis eingeschlossen. Viele Taxifahrer sprechen Deutsch.

Kopenhagens Vororte sind sehr ausgedehnt; vergewissern Sie sich lieber vorher, wo Ihr Fahrziel liegt und ob Sie nicht besser die preiswerteren öffentlichen Verkehrsmittel wählen.

TELEFON. Siehe auch Postamt. Für kurze Ortsgespräche müssen Sie zwei 25-Öre-Münzen einwerfen, für Ferngespräche 1 Krone oder 5 Kronen. Beachten Sie, daß überzählige Münzen nicht herausgegeben werden, auch dann nicht, wenn die Nummer besetzt ist. Man kann dafür aber eine andere Nummer anrufen oder die besetzte Nummer so lange wählen, bis die bezahlte Sprechzeit vorüber ist. Es gibt auch öffentliche Fernsprecher, zu deren Benutzung eine *Telet*-Karte erforderlich ist (erhältlich in allen Zeitungskiosken).

Das Haupttelegrafenamt in der Købmagergade 37 ist täglich von 9 bis 22 Uhr für Telefongespräche, Telegramme und Fernschreiben geöffnet, das Postamt am Hauptbahnhof bis 22 Uhr an Werktagen und bis 16 Uhr an Samstagen und 17.00 an Sonn- und Feiertagen. Übrigens: Vom Hotel aus kann das Telefonieren recht teuer werden.

Allgemeine Auskunft	0030
Telefonauskunft	0033

Beachten Sie, daß es in Dänemark für Außerortsgespräche keine Vorwahlnummer mehr gibt. Wählen Sie einfach die 8stellige Nummer.

TOILETTEN. Sie sind meist durch ein Bildsymbol oder die Aufschrift *WC, Toiletter, Damer/Herrer,* oft nur *D/H* gekennzeichnet. Wenn nicht anders angegeben, ist die Benutzung kostenlos.

Wo sind die Toiletten?	**Hvor er toilettet?**

TRINKGELDER. Anlaß für ein Trinkgeld besteht praktisch nie. In Hotels und Restaurants sind Trinkgelder in der Rechnung inbegriffen, nur besondere Dienstleistungen werden honoriert. Gepäckträger haben feste Tarife, und auch beim Friseur und in Theatern und Kinos ist ein Trinkgeld nicht üblich; auch Taxifahrer erwarten in der Regel kein Trinkgeld. Nur selten gibt es Ausnahmen, etwa für die Benutzung des Waschbeckens in öffentlichen Toiletten.

WÄSCHEREI und REINIGUNG *(vask; kemisk rensning).* Die großen Hotels haben einen Schnelldienst, der Ihre Sachen an einem Tag wäscht oder reinigt, außer an Wochenenden oder Feiertagen, doch das ist recht teuer. Reinigungsfirmen gibt es überall in der Stadt, ihre Adressen finden Sie im Branchentelefonbuch *(Fagbog)* unter *Renserier.* In Waschsalons mit Selbstbedienung *(selvbetjeningsvaskeri)* sind die Preise noch günstiger, und sie sind bis spät abends geöffnet.

Wann ist es fertig?	**Hvornår er det færdigt?**
Ich brauche es bis morgen früh.	**Jeg skal bruge det i morgen tidlig.**

WASSER *(vand).* Sie können bedenkenlos das Wasser aus jedem Hahn in Dänemark trinken. Das einheimische Mineralwasser ist ganz besonders gut.

Ein Glas Wasser, bitte.	**Et glas vand, tak.**

ZEITUNGEN und ZEITSCHRIFTEN *(avis; ugeblad).* In den Geschäften und Kiosken im Zentrum von Kopenhagen, in einigen Hotels und am Flughafen bekommt man fast alle großen europäischen Tageszeitungen und Zeitschriften.

Haben Sie deutschsprachige Zeitungen?	**Har De tysksprogede aviser?**

Z **ZIGARETTEN, ZIGARREN, TABAK** *(cigaretter, cigarer, tobak).* Die meisten international bekannten Zigarettensorten sind, ebenso wie gute einheimische, im Handel erhältlich, aber die Preise sind so hoch, daß man sich fast das Rauchen abgewöhnen möchte. In Bars oder Restaurants kostet eine Schachtel Zigaretten sogar noch mehr, dafür wird sie aber vom Kellner für Sie geöffnet!

Die Dänen sind sachkundige Zigarren- und Pfeifenraucher, und man hat daher die Auswahl zwischen vielen verhältnismäßig preiswerten einheimischen Sorten sowie Importtabaken. Siehe auch S.104.

Eine Schachtel…/Streichhölzer, bitte.	**En pakke…/En æske tændstikker, tak.**

ZOLL und PASSFORMALITÄTEN *(toldkontrol).* Für die Einreise nach Dänemark brauchen Sie nur einen gültigen Personalausweis bzw. eine Identitätskarte oder einen Reisepaß.

Die folgende Liste zeigt Ihnen, was Sie bei der Einreise nach Dänemark mitbringen und bei der Ausreise mitnehmen dürfen:

	Zigaretten	Zigarren	Tabak	Spirituosen	Wein
EG-Länder*	300 oder	75 oder	400 g	1,5 l und	5 l
andere Länder	200 oder	50 oder	250 g	1 l und	2 l

* Für *zollfrei* gekaufte Waren gelten die untenstehenden Mengen.

Devisenbeschränkungen. Hinsichtlich der Einfuhr von ausländischer Währung gibt es keine Begrenzungen. Bei der Ausreise darf man als Tourist jedoch nicht mehr als 5000 Kronen mitnehmen, es sei denn, man kann nachweisen, daß das Geld eingeführt oder im Land gegen ausländische Währung eingetauscht wurde. Die Ausfuhr von ausländischer Währung, mit Ausnahme von Goldmünzen, unterliegt keinerlei Beschränkungen.

Ich habe nichts zu verzollen. Das ist für meinen persönlichen Gebrauch.	**Jeg har ikke noget at fortolde. Det er til personligt brug.**

EINIGE NÜTZLICHE AUSDRÜCKE

ja/nein	**ja/nej**
bitte/danke	**vær så venlig/tak**
Verzeihung/gern geschehen	**undskyld/åh, jeg be'r**
wo/wann/wie	**hvor/hvornår/hvordan**
wie lange/wie weit	**hvor længe/hvor langt**
gestern/heute/morgen	**i går/i dag/ i morgen**
Tag/Woche/Monat/Jahr	**dag/uge/måned/år**
Spricht hier jemand deutsch/englisch?	**Er der nogen her, der taler tysk/engelsk?**
Was bedeutet das?	**Hvad betyder dette?**
Ich verstehe nicht.	**Jeg forstår ikke.**
Herr Ober!/Fräulein!	**Tjener!/Frøken!**
Ich hätte gern...	**Jeg vil gerne have...**
Bringen Sie mir bitte...	**Vær venlig at give mig...**
Wieviel kostet das?	**Hvor meget koster det?**
Wie spät ist es?	**Hvad er klokken?**
Einen Augenblick.	**Et øjeblik.**
Was möchten Sie?	**Hvad ønsker De?**
Helfen Sie mir, bitte.	**Vil De hjælpe mig.**

ZAHLEN

0 **nul**	11 **elleve**	22 **to og tyve**
1 **én, et**	12 **tolv**	30 **tredive**
2 **to**	13 **tretten**	31 **en og tredive**
3 **tre**	14 **fjorten**	40 **fyrre**
4 **fire**	15 **femten**	50 **halvtreds**
5 **fem**	16 **seksten**	60 **tres**
6 **seks**	17 **sytten**	70 **halvfjerds**
7 **syv**	18 **atten**	80 **firs**
8 **otte**	19 **nitten**	90 **halvfems**
9 **ni**	20 **tyve**	100 **hundrede**
10 **ti**	21 **en og tyve**	1.000 **tusind**

Register

Ein Stern (*) hinter einer Seitenzahl verweist auf eine Karte. Fettgedruckte Seitenzahlen kennzeichnen den jeweiligen Haupteintrag. Ein Register der Praktischen Hinweise finden Sie vorne auf der inneren Umschlagseite.

Absalon, Bischof 14, 26, **33**, 76
Amager (Insel) 55–56, 67*
Amalienborg 25*, 41–43
Amalienhaven 42–43
Andersen, Hans Christian 20, 21, 26, 41, 43–44, 64
Aquavit 83, 100

Bakken (siehe unter Parks)
Bier (siehe auch Brauereien bzw. Carlsberg) 86, 100
Brauereien 62, 86
Bredgade 25*, **44–47**, 81
Bundgaard, Anders 43
Børsen (Börse) 24*, 34

Carlsberg-Stiftung 26, 43, **62**
Charlottenborg (Königliche Kunstakademie) 24*, 39
Christian IV., König 16, 34, 44, 49, 50, 51, 64, 71, 76
Christiansborg 24*, 31, 33–34, 52, 54, **58–60**
Christianshavn 24*, 51–55, 67*

Degas, Edgar 62
Dragør 55, 67*
Dronningmølle 66*, 71

Eigtved, Nicolai 42, 44, 47, 55
Einkaufen 36–37, 48, **79–84**
Elsinore (siehe Helsingør bzw. Kornborg)
Esrum 66*, 71

Feste 89
Fiolstræde 24*, 48, **81**
Fredensborg 66*, 71
Frederiksborg 66*, 71–74
Frederiksdal 67*, 68
Führungen 45, 58, 68, 113

Gammeltorv 34*, 37
Gefion-Brunnen 43
Grundtvig, Nikolai Frederik Severin 20, 54, 56
Gråbrødretorv 24*, 48

Harald Blauzahn (Blaatand) 14, 76
Helsingør 66* 70–71
Hillerød 66*, 71–74
Humlebæk 66*, 70
Huset **31**, 116

Kanalfahrten 116
Kastellet 25*, 44
Kierkegaard, Søren 20, 44, 60
Kirchen
    Alexander Newsky Kirke 45
    Christians Kirke 24*, 54
    Domkirken (siehe Vor Frue)
    Grundtvigs Kirke 56–57
    Helligåndskirke 24*, 37
    Holmens Kirke 24*, 34–35
    Marmorkirken 25*, 47
    Roskilde Domkirke 76–77
    St. Alban's Church 25*, 43

Kirchen (Forts.)
  Skt. Ansgar Kirke 25*, 45
  Skt. Nikolaj Kirke (siehe unter Museen)
  Trinitatis Kirke 49
  Vor Frelsers Kirke 24*, 53–54
  Vor Frue Kirke 24*, 48
Kleine Meerjungfrau (siehe Lille Havfrue)
Kongelige Teater, Det 24*, 39
Kongens Nytorv 19, 24*, **39**
Kronborg (Schloß von Helsingør) 66*, 70–71
Küche 94–101
Købmagergade 24*, **49**, 81

Langelinie 25*, 43–44
Lejre 78
Lille Havfrue, Den 25*, 43–44
Louisiana (siehe unter Museen)
Lund 79
Lyngby 67*, 65–69

Malmö 79
Margrete I., Königin 15, 76
Margrethe II., Königin 34
Märkte (siehe auch Einkaufen) 33, 77
Museen und Galerien 45, **58–65**
  Amagermuseet (Volkskunst, Store Magleby) 55
  Davids Samling (Kunst) 25*, 49, **60**
  Dragør (Seefahrt) 56
  Frihedsmuseet (siehe Museet for Danmarks Frihedskamp)
  Frilandsmuseet (Freilichtmuseum, Sorgenfri) 65–68
  Handels- og Søfartsmuseet (Handels- und Schiffahrtsmuseum) 71
  Hirschsprungske Samling 60
  Kunstindustrimuseet (Kunsthandwerk) 25*, 44, **60**
  Københavns Bymuseum & Søren Kierkegaard Samling (Stadtmuseum und Kierkegaard-Sammlung) 60
  Legetøjmuseet (Spielzeugmuseum) 61
  Louisiana (moderne Kunst, Humlebæk) 66*, 70
  Louis Tussauds Voksmuseum (Wachsfigurenkabinett) 24*, 61
  Museet for Danmarks Frihedskamp (dänische Widerstandsbewegung 1940–45) 25*, 43, **61**
  Musikhistorisk Museum 49
  Nationalmuseet 24*, 32, **61–62**
  Ny Carlsberg Glyptotek 24*, 62–64
  Rosenborg Slot (siehe unter Namen)
  Skt. Nikolaj Kirke (Ausstellungen) 24*, 35
  Statens Museum for Kunst 25*, 51, **64**
  Theaterhistorisk Museum (Theatergeschichte) 24*, 58
  Thorvaldsens Museum 24, 32, **64–65**
  Tøjhusmuseet 59
  Vikingeskibshallen (Wikingerschiffe) 77–78

Napoleon Bonaparte 19
Nolde, Emil 64
Nachtleben 87–89

Nyboder *16*, **44**
Nyhavn *24**, *39–41*
Nytorv *24**, *37*

Oldtidsbyen
 (Historisch-Archäologisches
 Versuchszentrum, Lejre) *78*

Parks und Gärten
 Bakken (Vergnügungspark) *86*
 Botanisk Have *25**, *51*, **86**
 Churchillparken *25**, *43*
 Dyrehavn (Hirschpark) *67**, *85*
 Kongens Have *25**, *49–50*
 Tivoli (Vergnügungspark) *24**, *29*
 Zoologisk Have *86*
Porzellan *37*, *81–82*

Radfahren *85*, *111*
Reiten *90–92*
Restaurants *29*, **94**, *101*
Rosenborg Slot *25**, *50*, **64**
Roskilde *67**, **75–78**, *89*
Rundetårn *24**, *49*

Rådhuset *24**, *26–27*, *30*
Rådhuspladsen *24**, **23–26**, *30*

Schleswig-Holstein *19*
Schweden *15*, *16*, *17*, *79*
Schwimmen *85*, *92*
Smørrebrød *95*
Sophienholm *69*
Sorgenfri Slot *68*
Sport *84–85*, **90–93**
Sprache *100–101*, *121*
Stevns, Niels Larsen *64*
Store Magleby *55*, *67**
Strøget *24**, *26*, **35–37**, *81*

Thorvaldsen, Bertel *20*, *32*, *48*, **64–65**
Thurah, Laurids de **52–53**, *68*
Tivoli *24**, *29*

Universität *15*, *24**, **48**

Wachablösung *42–43*
Waldemar IV. Atterdag *15*
Wikinger *13–14*, **77–78**

Zirkus *86*
Zoo (siehe unter Parks)